Für Merzelina und BAM

– kritisch und hoffentlich positiv
beurteilt –

einen lieben und sehr herzlichen Gruß!

Ihre Inge Mang

oder besser: Zwiebelchen.

Hm. 24. 8. 73

Band 5004

Falken farbig

Inge Manz

Gärtnern

FALKEN-VERLAG ERICH SICKER · WIESBADEN

ISBN 3-8068-5004-6

Satz: Studio Oberländer, Wiesbaden
Druck: VOD, Heidelberg
Bindung: Wennberg, Stuttgart

Inhalt

I. Die Bedeutung des Gartens in unserer Zeit

Was bedeutet ein Garten dem Menschen von heute? – Viel oder wenig — das liegt an der Mentalität, an der Einsicht und Vernunft jedes einzelnen. Es gibt Menschen, die sich nur in der Stadt wohlfühlen und die erst im Großstadtgetriebe in ihrem Element sind. Andere wieder lieben das Landleben und sind froh, wenn sie die Stadt meiden können; und die „Pendler", die in der Stadt arbeiten und auf dem Land leben — die sind sicher glücklich, wenn sie abends in eine Oase der Ruhe und Entspannung heimkommen.

So eine Oase ist der Garten – ob für den Menschen in der Stadt oder auf dem Land. Hier kann er sich entspannen, ausruhen – aber auch körperlich betätigen, wenn er den ganzen Tag am Schreibtisch gesessen hat.

Er kann – sage ich – aber manchmal m u ß er es auch, denn ein Garten erfordert Pflege, die allerdings bei geschickter Arbeitseinteilung nicht in „Arbeit" ausarten muß.

Wenn man nun dabei ist, sich einen Garten anzuschaffen oder ihn anzulegen, sei es ein Hausgarten, ein Kleingarten oder ein Wochenendgrundstück, dann muß man auch bereit sein, etwas zu tun, damit es keine „Wüstenei" gibt.

So hat ein Garten immer zwei Seiten, einmal die angenehme, zum anderen die nützliche Seite. Dabei muß man natürlich bedenken, daß ein Garten auch einen wirtschaftlichen Aufwand erfordert, ganz besonders für die „Erstausstattung". Abgesehen von Gartenlaube oder Sitzplatz müssen Bäume und Sträucher an ihren richtigen Platz gepflanzt werden. Rasen, Blumenrabatten und Steingarten werden angelegt, und nicht zuletzt muß man an die Anschaffung der Gartengeräte denken, wobei es nicht allein mit Spaten und Rechen getan ist.

Alles das, was als Mindestmaß für einen Garten getan werden muß, finden Sie in diesem Buch, wobei nichts übertrieben ist und niemand überfordert wird.

Übrigens kann man auch aus der Freude am Garten und aus seiner Pflege ein Hobby machen.

Tun Sie es –
meint
Ihre I n g e M a n z

II. Wie kommt man zu einem Garten?

Da gibt es verschiedene Wege. Hat man einen Bauplatz gekauft und will sich darauf ein Haus bauen oder bauen lassen, dann gehören zu dem Bauplatz noch einige Quadratmeter Land, und daraus kann ein Garten entstehen. Fast ähnlich ist die Situation, wenn es sich um Reihenhäuser handelt, die von einer Bauorganisation erstellt werden. Auch da bleibt nach dem Hausbau noch Platz übrig, um einen Garten anzulegen.

Oft sind diese Reihenhausgärten allerdings richtige „Handtuchgärten" – so schmal sind sie!

Der Besitzer eines Eckgrundstücks hat das Glück, einen etwas größeren Garten zu bekommen.

Wenn Sie Lust haben, mit Ihren Nachbarn „gemeinsame Sache" zu machen, dann ist es durchaus möglich, daß zwei oder gar drei dieser Handtuchgärten als e i n e Gartenanlage angesehen und gestaltet werden. Eine solche „Gemeinschaftsanlage" setzt allerdings voraus, daß sich die Nachbarn gut verstehen bzw. so großzügig sind, daß sie auch vielleicht auftauchende Probleme zu meistern verstehen.

Was könnte es da für Probleme geben? – Kinder und Tiere! Beide kennen keine Grenzen beim Spiel und bei ihren „Ausflügen" in die Nachbarschaft.

Aber es wird gerade unter jungen Familien möglich sein, eine für alle Teile günstige Lösung zu finden.

Ältere Menschen streben nach Ruhe und Geborgenheit – da könnten oftmals die Kleinen und die Tiere aus der Nachbarschaft stören.

Wer in der Stadt und auf dem Lande zur Miete wohnt, kann sich auch einen Garten zulegen. Das ist draußen auf dem Lande nicht sehr schwierig, denn da gibt es vor dem Dorf oder der Kleinstadt noch Gebiete mit Gartenparzellen, die – aus sozialen Erwägungen heraus – für einen nur kleinen Jahresbeitrag verpachtet werden. Augenblicklich handelt es sich da meistens um Gemüse- und Obstland, aber wer hindert den Pächter daran, auch eine „Erholungsfläche" anzulegen? Das fällt besonders leicht, wenn die Gartenparzellen weitab vom Verkehr liegen und somit Ruhe und gesunde Luft bieten.

Schwieriger ist es für die zur Miete wohnenden Städter in Wohnblocks und Hochhäusern. Für sie gibt es nur einen Weg, um zu einem Garten zu kommen: Sie sollten Mitglied in einem Kleingartenverein werden!

Kennen Sie die Kleingartenentwicklung der letzten Jahrzehnte? Beschäftigen Sie sich einmal damit – so etwas dürfte jeden zukünftigen Kleingärtner interessieren, denn sie gehört zur Geschichte unserer Entwicklung zum Industriestaat.

Wenn Sie sich Informationen besorgen wollen, dann wenden Sie sich an die verschiedenen Landesverbände der Kleingärtner. Aber nun weiter zum Gartenanlageproblem, das immer das gleiche ist, ob es sich da um Hausgärten handelt, um Bungalow-Gärten, um Reihenhaus- oder um Kleingärten. Zwar hat jede dieser Gartengruppen ihre Eigenart was Größe, Form und Ordnung anbelangt – im Grunde genommen sind es aber Flächen, die von uns Menschen zur Freizeitgestaltung, zur zusätzlichen Ernährung der Familie mit Obst und Gemüse, zur Dekoration des eigenen Anwesens, zur Erholung und zur körperlichen Betätigung genutzt werden.

Die beste Nutzung der Gartenfläche setzt einiges voraus. Vor allen Dingen die richtige Anlage des Gartens, die Sie ja selbst vornehmen wollen.

III. Die Anlage des Gartens

Ein Gartenplan wird festgelegt

Wer sich entschließt, seinen Garten allmählich und selbst – also mit „familieneigenen Kräften“ – anzulegen, kann diese Arbeit nicht dem Zufall überlassen. Man entwickelt seinen Garten nach einem Plan, und zwar nach einem Dreijahresplan. Er soll als Ideenskizze festgehalten werden. Das schließt ein, daß im Laufe der Zeit manche Anpflanzung unterbleibt oder in anderer Weise vorgenommen wird. Zunächst ein guter Rat: Setzen Sie sich einmal an einem ruhigen Abend gemeinsam um den Tisch und versuchen Sie, alle Ihre Wünsche, die den künftigen Garten betreffen, kennenzulernen.

Über etwas Wesentliches sollten Sie sich jedoch klar sein: Jeder Garten, in dem man sich wohlfühlen kann, macht Arbeit. Wer zu bequem ist, seinen Garten zu pflegen, der belegt besser die Bodenfläche mit Zementplatten und ersetzt dann die Gartenbeete durch Schalen, Wannen, Kunststoffschläuche oder Netzgebilde aus festem Kunststoff – mit Torf gefüllt. Solche Arrangements können hübsch aussehen, und die Blumen werden wundervoll blühen, — aber es ist eben kein Garten.

Also, zunächst einmal: was wird gewünscht? Klären Sie die Frage, und seien Sie als Sprecher der Interessengemeinschaft ein großzügiger Wortführer.

Die Mutter soll das gleiche Stimmrecht haben wie der sechsjährige Ralf, der eine Gartenfläche in anderer Weise nutzen möchte als der Papa, der sich einen Platz für sein Kräuterbeet wünscht, auf dem er alle bekannten Würz- und Heilkräuter anpflanzen kann.

Denken Sie alle daran, daß der Garten am Haus und um das Haus ein kleines Reich werden soll, in dem Sie sich entspannen und wohlfühlen können. Sie sollen Nützliches produzieren, wie Kräuter, Gemüse und Obst. Schönes erleben mit Blumen, Sträuchern, Bäumen und mit den Singvögeln, die im Winter von allen gefüttert werden.

Es kann sein, daß der Kinderspielplatz zum Mittelpunkt des Gartens wird, weil es keine andere Möglichkeit gibt, eine Schar kleiner Kinder unfallbehütet aufwachsen zu lassen.

Genauso gut ist es möglich, daß der Hausbesitzer den Wunsch hat, einen Rasengarten anzulegen, der rundum mit Blütensträuchern den Sichtschutz liefert, den man sich wünscht, um ungestört in seinem Garten „wohnen“ zu können.

Da gibt es Menschen, die sich aus gesundheitlichen Erwägungen gern eine Sauna im Garten bauen möchten, also ein Blockhaus und ein Schwimmbassin. Bäume — vor allem Birken – sollten dann diesen Garten schmücken.

Ein Nutzgarten kann bei entsprechender Größe einen 5-Personen-haushalt das ganze Jahr über mit Obst und Gemüse versorgen, wenn die Kulturen entsprechend gepflegt werden und die Ernte ausgiebig ist. Die Tiefkühltruhe im Haus kann vieles aufnehmen, und bei richtiger Einteilung wird man dann sehr ökonomisch wirtschaften.

Sie sehen, wie vielseitig die Wünsche sind, die Hausbesitzer an ihren zukünftigen Garten haben. Wer sie erfüllen will, kann das nicht ohne Plan tun, ohne Ideenskizze. Haben Sie keine Angst, daß Sie nun ein „Gartenarchitetkt mit vollkommenen Leistungen“ sein sollen – hier geht es im Grunde genommen um eine Skizze, eine Zeichnung Ihres Grundstückes, damit Sie wissen, w o Sie w a s pflanzen sollen!

Baumschulen, Gartenfachgeschäfte, Garten-Center und Versandhäuser zeigen schon in ihren Katalogen kleine Gartenpläne. Ziehen Sie Ihren Nutzen aus diesen Vorschlägen und richten Sie die Skizze Ihres künftigen Gartens unter Umständen nach diesen Vorbildern aus, wobei Sie Ihre persönlichen Wünsche mit berücksichtigen: Sitzplatz, Sandkasten oder Spielplatz für die Kinder, Wäschetrockenplatz, Wasserbassin für Kleintiere und Pflanzen.

Zum Sitzplatz sollte in jedem Fall eine elektrische Leitung führen. Licht, Musik und der Grill gehören heutzutage zur Grundausrüstung eines Sitzplatzes, der von Jung und Alt mit Fröhlichkeit

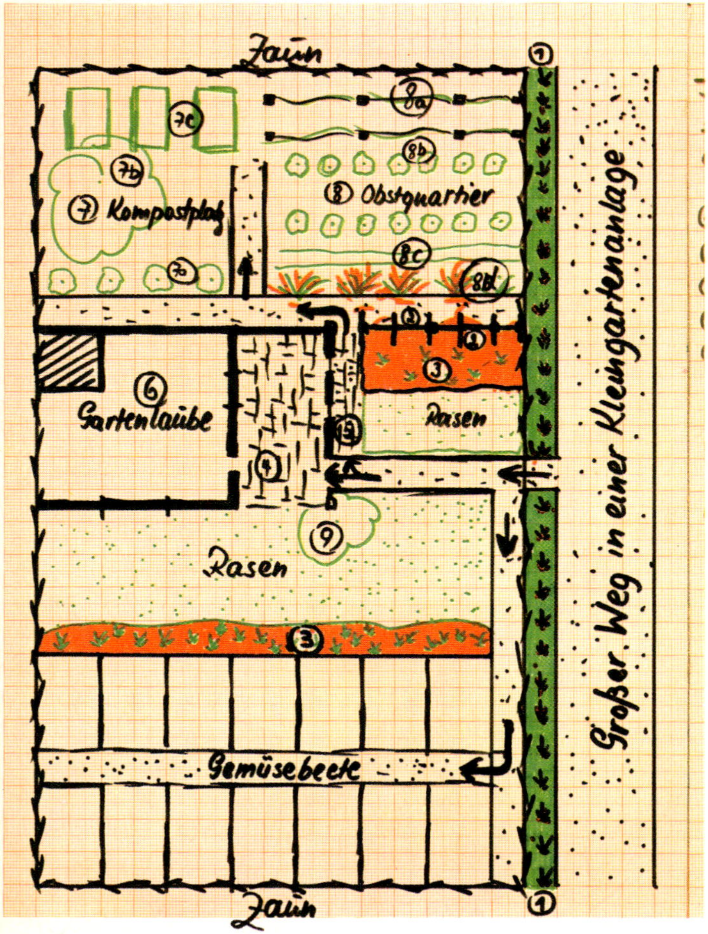

Ideenskizze zu einem Kleingarten innerhalb einer Kleingartenanlage

(1) Rosenbeet - einheitlich i. d. Kleingartenanlage (2) Pergola m. Kletterpflanze (3) Blumenbeet (4) Überdachter Sitzplatz m. Platten (5) Plattenweg (6) Gartenlaube (7) Kompostplatz (7a) Stachelbeeren (7b) Pflaumenbaum (7c) Komposthaufen (8) Obstquartier (8a) Himbeergerüst (8b) Johannisbeeren (8c) Erdbeeren (8d) Apfelrosenabgrenzung (9) Zierstrauch / Zwergkonifere / Immergrüne

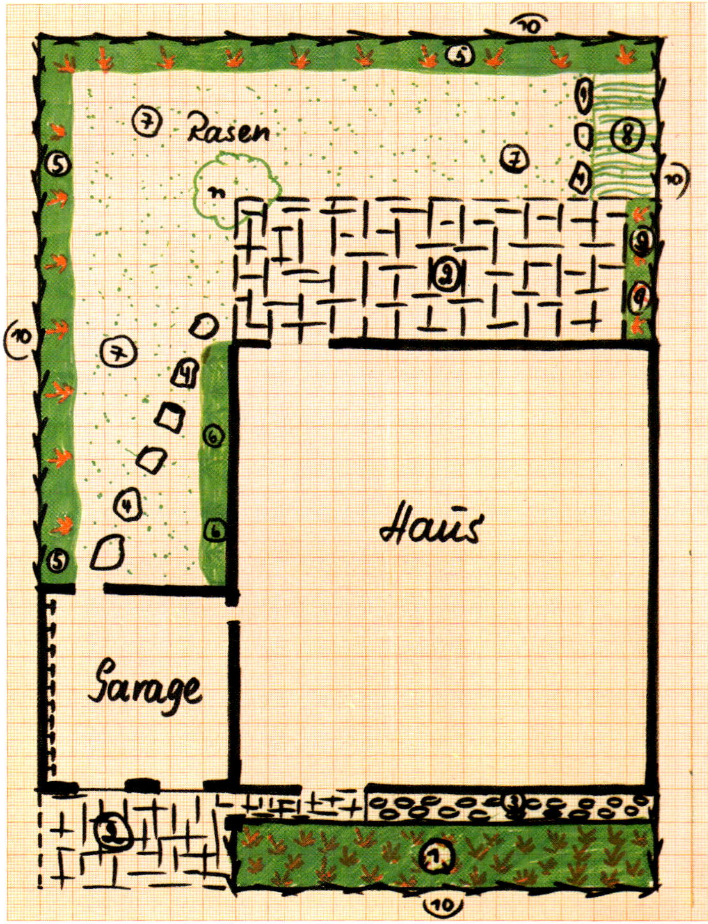

Ideenskizze zu einem kleinen Hausgarten

(1) Rosenbeet oder Immergrüne (2) Plattenfläche (3) Kieselstreifen (4) Trittplatten (5) Blütensträucherrabatte (6) Schattengräser, Farne, Azaleen (7) Rasen (8) Kräuterbeet (9) Staudenrabatte (10) Zaun (11) Ebereschenbaum

und Ausgelassenheit, manchmal mit dem Wunsch nach Ruhe und Entspannung genutzt wird.
Machen Sie sich die Mühe und legen Sie Ihre Wünsche fest – der Gartenplan läßt sich dann besser verwirklichen. Um die Gartenskizze herzustellen, braucht man einen Bogen Millimeter-Papier, einige farbige Filzstifte und ein Lineal. Nun kann es losgehen: Zunächst zeichnen Sie einmal die Form Ihres Grundstückes auf und nach Möglichkeit auch die Größe, wobei 1 cm auf dem Millimeterblatt 1 m im Gelände entspricht – also Maßstab 1 : 100.
In das Grundstück zeichnen Sie zunächst den Hausgrundriß ein, und zwar dorthin, wo das Haus später stehen soll, oder wo es vielleicht schon steht. Dazu kommt die Angabe der Himmelsrichtung, und damit ist das Gerippe der Skizze schon fertig. Wissen Sie, warum die Himmelsrichtung eine so beachtliche Rolle spielt? Nicht alle Pflanzen wachsen in der Sonne – und viele Pflanzen wachsen nicht im Schatten; darauf müssen Sie bei der Pflanzenauswahl Rücksicht nehmen. Die Blumenbeete und Pflanzenrabatten sollen mindestens 1,50 m breit sein, wenn Sie sie einplanen. Auch die Pflanzflächen, die sonst noch angelegt werden sollen, dürfen nicht zu klein sein – gemessen an der Gesamtfläche des Gartens.
Sollten Sie Höhenunterschiede zu überbrücken haben, dann denken Sie daran, daß man so etwas immer mit Bauelementen ausführen muß, also mit Zement, mit Steinen oder Holz. Vergessen Sie auch nicht, die Anlage Ihres Gartenzaunes zu planen und die Einfahrt zur Autogarage. Die Garage muß außer dem PKW in den meisten Fällen auch noch die Gartengeräte aufnehmen.
Äußerst wichtig, und bei der Planung zu beachten, ist der Verlauf der elektrischen Leitungen und der Wasserleitungen. Er muß im Plan klar erkennbar sein, damit diese Leitungen später nicht durch Bodenbearbeitungen oder Grabarbeiten beschädigt werden können. Die elektrischen Leitungen müssen gut isoliert und die Anschlußstücke gesichert sein.

Die Anschaffung der Gartengeräte

In den Gartenfachgeschäften werden heutzutage viele Gartengeräte angeboten, aber nicht alle sind „notwendig" und müssen nicht sofort angeschafft werden. Ein großer Teil der Gartengeräte ist als „nützlich" zu bezeichnen. Der allergrößte Teil der vorhandenen und in den letzten Jahren entwickelten Gartengeräte aber dient lediglich dem Zweck, dem Gartenbesitzer die Arbeit im Garten angenehmer und bequemer zu gestalten. Es ist gut, daß eine solche Einteilung der Gartengeräte vorgenommen werden kann, denn danach sollte der wirtschaftlich denkende Gartenbesitzer disponieren, wenn es soweit ist, Geräte und Werkzeuge zu beschaffen und die Gestaltung des Vorgartens und des Hausgartens beginnt. Hoffentlich hat der Bauunternehmer dafür gesorgt, daß der vorhandene Mutterboden für den Garten „beiseite geschoben" wurde. Er wird jetzt gebraucht, um damit die oberste Bodenschicht des Gartens zu bedecken.
Erde ist schwer und kann nur mit einer aus starkem Eisenblech hergestellten Karre bewegt und transportiert werden. Ein solches Transportgerät ist die erste Anschaffung, die Sie sich leisten müssen, denn eine Schubkarre, ballonbereift oder mit Hartgummi bereiften Rädern, wird in einem Garten ständig gebraucht.
„Wieso", werden Sie fragen, „wenn der Garten angelegt ist, wobei Sitzplätze und Wege, Kinderspielplätze, Terrasse und Autoparkplatz berücksichtigt worden sind, was braucht man da noch eine Karre, eine Schubkarre mit einer kräftigen Stahlblechmulde?" Sie werden sicher bald feststellen, wie nützlich eine solche Schubkarre ist. Deshalb sollten Sie auch nicht kleinlich sein und bei der Anschaffung nicht auf eine Mark schauen. Es ist doch so, daß ein Garten nie eine endgültige Grünanlage darstellt. Im Laufe der Zeit und je mehr Sie sich mit der Gartenmaterie beschäftigen, werden Sie Änderungen vornehmen. Dabei werden Steine, Sand, Torf, Dünger und noch manches andere bewegt – womit? Mit der Schubkarre. – Bei einem Garten mit großer Rasenfläche fällt eine beachtliche Menge abgeschnittenes Gras an – und das wird mit der Schubkarre dorthin transportiert, wo es in einem solchen Falle hingehört – auf den Kompost oder in die Mülltonne oder als Abeckungsmaterial für die Heckenpflanzen. Zum Beladen einer Schubkarre benutzen Sie normalerweise eine Schaufel. Mindestens so wichtig wie die Schaufel für die Arbeiten im Garten ist die Düngegabel. Lassen Sie sich aber nicht durch die Bezeichnung „Düngegabel" oder „Dunggabel" irritieren. Es ist eine Gabel mit vier Zinken, die überall dort verwendet werden kann, wo es sich um das Aufladen von Gras, Stroh, Ästen und anderem sperrigen Kleinkram handelt.
Ein Spaten gehört natürlich in jeden Garten, das ist ganz klar. Dabei gilt es bei der Anschaffung zu beachten, wer damit in der Hauptsache umgehen soll. Ist die Hausfrau für das Umgraben ihrer Gemüsebeete selbst verantwortlich, dann empfiehlt sich ein „Damenspaten", der ein etwas kleineres Blatt und eine glatte

Eine Schubkarre wird immer gebraucht, selbst im kleinen Garten, sei es zum Transport der Gartengeräte an den Arbeitsplatz, oder zum Transport von Erde, Sand, Torf und Abfällen.

Rückseite hat. Er wiegt nur 1400 Gramm. Wo starke Männer am Werk sind, kann ruhig der robuste Gärtnerspaten angeschafft werden. Wer jegliche Anstrengungen fürchtet und sich beim Umgraben nicht allzuviel Mühe machen möchte, muß sich den Terrex-Spaten kaufen, dem nachgesagt wird, daß man mit ihm „automatisch umgraben" kann, spielend leicht ohne Bücken, ohne Heben der Erde. – Die Anschaffung des Spatens muß gut überlegt werden, denn man braucht ihn zum Umgraben, zum Pflanzen von Bäumen und Sträuchern, zum Abstechen der Beetkanten, zum Ausheben von Pflanzgruben jeder Größe, wie zum Pflanzen und Setzen der Blumenknollen, Stauden und Rosen.

Weitere wichtige Gartengeräte sind die Jäthacke, die Zinkenhacke oder der Kreil. Beim Einebnen der vorgesehenen Rasenfläche, der verschiedenen Sträucher- und Blumenbeete arbeitet der zünftige Hobby-Gärtner mit dem Kreil. Auch das Auspflanzen ist spielend zu handhaben, wenn der Kreil benutzt wird. Einen Gartenrechen braucht man immer, denn zur Aussaat sollen die Beete ganz feinkrümelig sein. Ein solcher Rechen – in Norddeutschland sagt man „Harke" dazu – besteht aus Stahl und ist unterschiedlich breit. Neuerdings werden auch wieder Holzrechen verwendet, mit denen man leichtes Material müheloser zusammenrechen kann.

Ganz anders der Fächerbesen, den man auch Rasenbesen nennt, obwohl natürlich nicht nur das abgeschnittene Gras auf dem Rasen damit zusammengerecht wird. Ideal ist der verstellbare Fächerbesen, dessen 22 Federstahlzinken man zwischen 30 und 50 cm Breite verstellen kann.

Um einen Boden gründlich zu lockern und zu lüften, braucht man einen Kultivator. Er reißt mühelos den Boden auf, wenn es z. B. darum geht, zwischen den Gemüsereihen oder den Erdbeerreihen den Boden zu lockern und zu belüften.

Der Rasenmäher gehört natürlich mit zu den ersten Anschaffungen, die ein Gartenbesitzer vornimmt, sofern er eine Rasenfläche einplant oder schon angelegt hat. Dieses Gerät muß einfach in den wirtschaftlichen Aufwand für den Garten eingeplant werden. Wenn Sie sich unter der großen Auswahl der verschiedenen Rasenmäher umschauen, dann geben Sie vor dem Kauf gleich an, wie groß Ihre Rasenfläche ist. So mancher Rasen kann mit dem einfachen und gut funktionierenden Walzenrasenmäher, der mit der Hand bewegt wird, gemäht werden. Entscheidend bei der Anschaffung des Rasenmähers ist, wie gesagt, die Größe der Rasenfläche. Man sollte im Interesse des Umweltschutzes eine möglichst geräuscharme Maschine wählen, die vor allem wenig Abgase verursacht. Die Rasenkehrmaschine ist nicht unbedingt notwendig, sondern eher ein Luxus, und diese Anschaffung kann vielleicht später ins Auge gefaßt werden.

Ein Gartenschlauch wird manchmal etwas zweckentfremdet zum Autowaschen verwendet, aber eigentlich dient er zur zusätzlichen Bewässerung des Rasens, der Zierpflanzenrabatten und der nützlichen Obst- und Gemüsebeete. Seine Anschaffung will besonders überlegt sein, denn hier können Sie wählen: zwischen einem Plastikschlauch, einem Gummischlauch, einem Gummi-Cord-Schlauch und einigen anderen. Der Preis richtet sich nach der Meterzahl und nach der Stärke des Schlauches. Ganz gleich, welche Qualität nun bevorzugt wird, ein Gartenschlauch gehört auf einen Schlauchwagen, denn wie sollte er denn sonst richtig aufbewahrt werden, ohne Risse, Knicke oder sonstige Schadenstellen zu bekommen?

Für den Rasen und die Gemüsekulturen, aber natürlich auch für die Zierpflanzenrabatten braucht man einen Beregner. Hier ist die

Auswahl groß. Es gibt Kreisregner, Viereckregner, Flächenregner, Sektorenregner und Tellerregner. Den Umkreis der Wasserversorgung bestimmt das Gerät, und da müssen Sie aufpassen, daß es der Größe Ihres Gartens gemäß gekauft wird.

Das Wasserschlauch-Stecksystem ist hervorragend und gut durchdacht. Wer es sich angeschafft hat, würde nie mehr darauf verzichten wollen. Mit einem ganz einfachen und leicht zu handhabenden Stecksystem läßt sich hier jedes Gerät mit der Wasserzufuhr kombinieren. Das wäre also wirklich noch eine empfehlenswerte Anschaffung!

Die zunächst wichtigsten „Großen" unter den Geräten sind besprochen worden, – aber noch fehlen die „Kleinen", die oftmals ganz unerläßlich sind, wenn es gilt, Kleinarbeit zu leisten, wie Bodenlockern, und das Rechen zwischen den Pflanzen oder das Stecken von Blumenzwiebeln.

Da ist der Handspaten ein Gerät, das man gar nicht entbehren kann. Nur muß man beim Kauf darauf achten, daß er aus nichtrostendem Metall besteht, sehr stabil ist und bei keiner noch so starken Beanspruchung umbrechen kann. Alle kleinen Pflanzarbeiten können mit dem Handspaten durchgeführt werden — und Blumenzwiebeln, die nicht zu tief gesteckt werden sollen, kann man gerade mit dem Handspaten schnell in den Boden bringen.

Sehr nützlich ist auch die Anschaffung eines Rasenbesens. Korrekt nennt man ihn Kleinfeger. Mit diesem Gerät läßt es sich sehr gut arbeiten, wenn es um „Kleinarbeiten" geht: Steingarten von Laub frei rechen, zwischen engen Pflanzungen das Erdreich glätten. Der Kleingrubber lockert das Erdreich auf; sowohl im Steingarten wie im Frühbeet oder auch auf dem Friedhof.

Die Pflanzleine ist ein umstrittenes Objekt. Der eine sagt, man braucht sie nicht unbedingt, der andere hält sie für unerläßlich. Auf alle Fälle sollte sie angeschafft werden, denn gerade Wege, gerade Kanten oder Rasenkanten, Beete und Rabatten kann man nicht nur nach „Augenmaß" anlegen, eine Pflanzleine hilft die angestrebte gewünschte Ordnung zu erreichen.

Außer Sägen und Messern, die dem kundigen Gartenbesitzer vertraut sind, ist die Gartenschere ein unerläßliches Gerät, das nicht einmal fehlen darf, wenn man nur einen kleinen Vorgarten zu bearbeiten hat. Hier sollte man bei der Anschaffung keinesfalls sparen, sondern eine der besten Ausführungen kaufen. Die Gartenschere soll so beschaffen sein, daß man sie mit einer Hand bedienen kann. Klingen aus Extrastahl und plastikgeschützte Griffe aus Leichtmetall sollen hier die Arbeit wesentlich erleichtern.

Gartenschläuche aus Plastik haben den Vorteil, daß sie sehr preiswert und widerstandsfähig sind.

Lassen Sie Ihren Gartenboden testen!

Sie sind dann genau im Bilde, wie Ihr Boden reagiert. In einem kalkreichen Boden zum Beispiel wachsen keine Azaleen, und in einem kalkarmen Erdreich gedeihen keine Rosen. Das muß man wissen, ehe gepflanzt wird, sonst gibt es unangenehme Überraschungen. In der Regel kümmern dann „deplazierte" Pflanzen, und im Laufe der nächsten drei bis vier Jahre gehen sie ein. Da nützen auch keine Düngung und keine Schädlingsbekämpfung mehr!

Für den Laien ist es nicht einfach, wenn nicht gar unmöglich, zu erkennen, wie der Boden beschaffen ist. Allein die Feststellung – hier handele es sich um einen sandigen oder um einen lehmigen Boden – genügt bei weitem nicht. Um zu entscheiden, was dem Boden an Substanzen fehlt, muß eine Bodenprobe durchgeführt werden. Das ist eine chemische Untersuchung des Bodens, wobei es im wesentlichen um den Kalkgehalt geht. Wissenschaftler und

Die meisten Pflanzen brauchen einen „neutralen“ Gartenboden. Der so begehrte Rhododendron jedoch gehört zu den Moorbeetpflanzen und gedeiht nur in einem „sauren“ Boden.

Fachleute sprechen in einem solchen Fall vom pH-Wert des Bodens und teilen ihn in verschiedene Zonen ein. Da ist zunächst die „neutrale“ Zone, zu der die pH-Werte von 6,8–7,2 gehören. In dieser neutralen Zone fühlen sich die meisten Gartengewächse am wohlsten. Die Zone mit den „sauren“ oder kalkarmen Böden umfaßt die pH-Werte von 4,0–6,8, und die Zone mit den „alkalischen“ oder kalkreichen Böden umfaßt die pH-Werte von 7,2–9,0. Jede Zone hat „ihre“ Pflanzen, die sich dort also am wohlsten fühlen. Wenn sich ein Gartenbesitzer danach richtet, hat er schon eine sehr wesentliche Voraussetzung dafür geschaffen, daß sich die Pflanzen an Ort und Stelle gut entwickeln können. Also liefert im Grunde genommen eine Bodenuntersuchung erst die Unterlagen für eine erfolgreiche Pflanzenkultur im Garten. An dieser Feststellung dürfen Sie nicht vorbeigehen. Übernehmen Sie ruhig die unangenehme Aufgabe, eine Bodenprobe aus Ihrem Garten in einem wissenschaftlichen Institut testen zu lassen.

Wo gibt es solche wissenschaftlich arbeitenden Bodenuntersuchungsanstalten?

In jedem Bundesland bestehen Landwirtschaftliche Untersuchungsanstalten. An Technischen Universitäten, an Landwirtschaftlichen Fakultäten, an Fachhochschulen sind es die „Bodenkundlichen Institute“, die Bodenproben durchführen – und alle diese staatlichen Einrichtungen arbeiten zum Selbstkostenpreis. Eine solche Bodenprobe kostet nicht viel – höchstens DM 5,– plus Portokosten.

Neben der Feststellung des pH-Wertes wird an den Bodenkundlichen Instituten der bestehende Nährstoffgehalt festgestellt und dann bestimmt, welche Nährstoffe zugeführt werden müssen.

Wie wird eine Bodenprobe entnommen?

Es ist nicht damit getan, daß man etwas Erde zusammenkratzt, sie in einen Plastikbeutel schaufelt, einpackt und wegschickt. Wichtig ist zunächst, daß eine Bodenprobe nicht gerade dann entnommen wird, wenn das Erdreich feucht oder naß ist. Das würde die Untersuchung verzögern, denn nur ein trockener Boden kann sofort untersucht werden.

Aus welcher Tiefe holt man nun die Erde, die zur Untersuchung geschickt wird? Als Faustregel gilt: Am besten ist die Tiefe von 25–30 cm, dort also, wo sich die Wurzeln der Pflanzen befinden. Zum Ausheben der Erdprobe kann man einen Spaten verwenden. Ist der Garten recht groß und man hat selbst schon festgestellt, daß unterschiedliche Bodenverhältnisse herrschen, dann empfiehlt es sich in jedem Falle, mehrere Bodenproben an verschiedenen Stellen des Gartens zu entnehmen.

Es versteht sich von selbst, daß man eine Bodenprobe nicht entnimmt, wenn vorher gedüngt wurde. Bei einer anorganischen Düngung sollte man acht Wochen und bei einer organischen Düngung mindestens drei Monate warten, sonst entstehen falsche Werte und Ergebnisse, die zu falschen Schlußfolgerungen führen würden. Verpackungsprobleme gibt es beim Verschicken der Erde nicht, denn die Plastikbeutel sind widerstandsfähig, und wenn sie mit Erde gefüllt in einer kleinen Schachtel versandt werden, können sie unversehrt ihren Bestimmungsort erreichen. Das Wichtigste ist allerdings, daß in jedem Beutel, der mit Gartenerde gefüllt ist, Name und Anschrift des Absenders und dazu noch der Untersuchungswunsch vermerkt sind. Zusätzlich sollte ein solcher Beu-

tel auch noch das gleiche Etikett tragen. Selbstverständlich kann jeder „Untersuchungskunde" auch noch seine Wünsche in einem ausführlichen Begleitschreiben äußern. Es hört sich alles umständlicher an, als es wirklich ist, – in jedem Falle aber ist eine solche Methode zuverlässig.
Wenn ein Gartenbesitzer sich zutraut, selbst lediglich den Kalkgehalt seines Gartenbodens zu messen, gibt es Instrumente wie beispielsweise den Hellige-Pehameter, mit dem man das bestimmen kann.

Kennen Sie den Unterschied zwischen den einzelnen Bodenarten?

Wer das feststellen will, darf in seinem Garten natürlich nicht den Fehler machen, nur die oberste Bodenschicht zu betrachten, sondern er muß schon ein wenig „tiefer schürfen". Dort lernt er den gewachsenen Boden kennen, und auf den kommt es an, weil sich in ihm die Pflanzenwurzeln ausbreiten, sofern es sich um Sträucher und Bäume handelt.

Tonboden ist sehr stark wasserhaltend, bindend, bei Trockenperioden verkrustet er, wird hart und rissig und in feuchtem Stadium schmierig, zäh, klebend. Farbe: blaugrau bis dunkel.

Sandboden ist sehr leicht, sehr durchlässig, hat eine geringe Wasserkapazität, erwärmt sich leicht, ist gut durchlüftet, sehr stark austrocknend. Farbe: hell bis dunkelgrau.

Sandiger Lehm- oder lehmiger Sandboden besteht aus Ton, Sand und Lehm, wobei die Zusammensetzung unterschiedlich ist. Er ist meist sehr nährstoffhaltig, im allgemeinen fruchtbar, normal wasserhaltend, leicht zu bearbeiten. Farbe: dunkelgrau bis dunkel.

Lehmboden (mittelschwer) ist schwer bearbeitbar, bei Trockenheit verkrustend, im allgemeinen aber fruchtbar. Farbe: hell bis dunkelgelb.

Lößboden besteht aus Sand, Kalk und Ton, wobei die prozentuale Verteilung verschieden ist. Lößboden kommt meist in Flußtälern vor, gehört zu den fruchtbarsten Böden, ist sehr warm, ungemein wasseraufsaugend, trocknet leicht aus. Farbe: dunkelbraun bis schwarz.

Kalkboden ist Kreideboden, sehr trocken, nährstoffarm, braucht zur Kultivierung viel Humus, benötigt ganzjährig eine intensive Bearbeitung. Farbe: hell.

Moorboden kommt praktisch nur in Moorgebieten vor, Reaktion sehr sauer, vor Verwendung im Garten entsäuern, wenn er nicht für ausgesprochene Moorbeetpflanzen wie Rhododendren, Azaleen usw. verwendet werden soll. Farbe: sehr dunkel bis schwarz.

Zur großen Gruppe der Rhododendronpflanzen gehören auch die Freiland-Azaleen, und hier muß ebenfalls darauf geachtet werden, daß bei der Bodenvorbereitung genügend Torf eingearbeitet wird.

Mergelboden besteht aus Lehm und Ton, wobei die prozentuale Verteilung jeweils verschieden ist. Ist gut zu bearbeiten. Farbe: hell bis dunkel.

Humusboden ist die fruchtbarste Bodenart, allgemein am besten zu bearbeiten und zu verwenden. Enthält drei bis zehn Prozent Humus. Farbe: schwarz.

Der Boden wird vorbereitet

Die Bodenvorbereitung wird – grob gesagt – mit Sand, Lehm, Torf und Kunststofflocken vorgenommen. Ehe Sie dieses Problem angehen, machen Sie sich die kleine Arbeit und graben eine etwa 60 cm tiefe und 50 cm breite Grube aus. Die Wände stechen Sie glatt ab; dadurch haben Sie die Möglichkeit, das Bodenprofil Ihres

Sand, Torf und Kunststoff-Flocken sind die besten Helfer bei der Bodenvorbereitung, damit die Pflanzen später ein durchlässiges und gut durchlüftetes Erdreich vorfinden.

Gartenbodens kennenzulernen. Wenn Sie sich nicht sicher sind, machen Sie eine Bodenprobe. Ein schwerer, toniger Boden verträgt tüchtige Sandmengen und zusätzlich noch Düngetorf, bis im Laufe mehrerer Jahre ein idealer Gartenboden entstanden ist. Rechnen Sie bei einem schweren Boden auf 100 qm Fläche zehn Schubkarren Sand und zwei Ballen Torf. Beide Materialien werden über die Fläche gleichmäßig ausgebreitet und dann eingehackt. Achten Sie aber darauf, daß Sand, Torf und das Erdreich in ungefähr 15–20 cm Tiefe gut miteinander vermischt werden. Diese Arbeit nimmt man am besten mit einer Grabgabel vor, denn so zerfällt der schwere Boden besser als bei der Arbeit mit dem Spaten. Da Sand und auch Torf im Boden nach unten wandern, ist eine Torfzufuhr solange alle zwei Jahre vorzunehmen, bis die oberste Bodenschicht aus einer lockeren, humosen Erde besteht. Wenn Sie zusätzlich noch organische Dünger mit einarbeiten, dann sollten Sie sehr bald zu einem guten Gartenboden kommen. Ein sandiger Boden braucht in erster Linie Humus, den man sich mit den verschiedenen Torfmischdüngern verschaffen kann. Es macht keine Schwierigkeiten, sie unterzugraben. Besteht die Möglichkeit, irgendwo „Mutterboden" zu bekommen, dann sollte man zugreifen. Leichter Lehmboden kann einem reinen Sandboden gut tun, denn er hilft, das Wasser zu halten, und darauf kommt es bei einem leichten Sandboden in erster Linie an. Humus entsteht durch die Umwandlung organischer Masse, das werden Sie kennenlernen, wenn Sie sich im Garten einen Komposthaufen anlegen. – Scheuen Sie keine Mühe, immer wieder dafür zu sorgen, daß in die oberste Schicht eines Bodens Humusstoffe und organische Dünger kommen.

Noch ein Wort zur Bodenvorbereitung dort, wo Moorbeetpflanzen wachsen und gedeihen sollen. Hier ist es notwendig, den Boden 60 cm tief auszuheben, wegzufahren und dann dafür Walderde, wenn sie aufzutreiben ist, und Torf einzubringen. Moorbeetpflanzen brauchen einen sauren Boden, sonst kümmern sie dahin, kränkeln leicht und machen mehr Sorgen als Freude. Torf ist in diesem Falle der nützlichste Helfer, einen sauren Boden für Moorbeetpflanzen zu schaffen.

Auch mit Kunststoffen kann man den Boden verbessern. Styromull ist ein Kunststoffsubstrat, das aus 4–12 mm großen Flocken besteht. Ein cbm Styromull wiegt nur 15–20 kg, 98 % des Volumens sind Luft. Im Gegensatz zu anderen Kunststoffsubstraten besitzt Styromull eine geschlossene Zellstruktur und nimmt infolgedessen kein Wasser auf. Ein Zusatz von Styromull lockert den Boden, fördert die Durchlüftung vernäßter, schwerer Böden und sorgt für raschen Wasserabzug. Auf 100 qm Fläche arbeitet man 2–4 cbm Styromull gründlich ein.

Die Bodenverbesserung mit Hygromull sieht etwas anders aus. Hygromull ist ein organischer Harzschaum mit vorwiegend offener Zellstruktur und dient in erster Linie der Erhöhung der Wasserkapazität. Außerdem beeinflußt es auch die Durchlüftung und damit die Erwärmung des Bodens. Es kann sowohl vor der Neuanlage eines Gartens einschließlich der Rasenfläche ausgebracht, als auch in bestehende Kulturen eingearbeitet werden. Die Aufwandmenge für Hygromullflocken beträgt 1–2 cbm auf etwa 100 qm.

Wege, Sitzplätze, Spielplätze, Gartenzäune und Wasserbecken

Ein Gartenweg sollte immer so beschaffen sein, daß er den Gesamteindruck des Gartens nicht stört. Er muß ganz einfach zweckmäßig mit in den Garten einbezogen werden. Darum ist es ganz klar, daß so etwas gleich bei der Planung und Anlage geschehen muß und nicht erst später, wenn man eventuelle Fehler erkennt. Auf keinen Fall darf ein Weg so verlaufen, daß er mitten durch den Garten führt oder die Rasenfläche teilt.

Material zum Bau eines Weges wird heute in großer Fülle angeboten, daß die Wahl oftmals schwerfallen mag. Man sollte sich hier aber nach Art und Bauweise des Hauses richten, und wenn eine Terrasse den Übergang zum Garten darstellt, dann ist es ratsam, die Platten für den Weg dem Belag der Terrasse anzupassen. Platten gibt es aus Beton – das sind gegossene Platten in verschiedenen Farbtönen. Es gibt Bruchsteinplatten, Natursteinplatten, Kunststeinplatten, Basalt- und Granitpflastersteine und Hohlsteinformen, in die Rasen gesät werden kann. Diese Hohlsteinformen mit Raseneinsaat eignen sich besonders gut für Garageneinfahrten, denen sie die gewisse Sachlichkeit nehmen.

Es ist klar, daß man die Platten nicht einfach auf den Weg legen kann und meint, damit wäre es geschehen. Es muß ein Unterbau geschaffen werden, indem die Erde des künftigen Weges 15, 20 oder 25 cm tief ausgehoben wird – je nach Stärke der Platten. Man kann den Unterbau dann aus Sand oder besser natürlich aus Zement herstellen. Da hinein werden dann die Platten verlegt und später verfugt.

Ein Kiesweg kann auch sehr hübsch und abwechslungsreich wirken, und wenn die Kiesauflage öfter einmal übergeharkt oder gerecht wird, sieht er immer wieder wie neu aus. Asphalt- und Betonwege sind eigentlich nur dort zu empfehlen, wo ein Übermaß an Beanspruchung zu erwarten ist, evtl. durch kleinere Motorfahrzeuge, die im großen Garten eingesetzt werden müssen. In einem kleinen oder mittleren Garten sind sie nicht als Verschönerung zu betrachten. Eine Zierde, beinahe schon ein Schmuck, ist ein Gartenweg aus Holzpflaster. Das sind Stammstücke jeder Art von Holz, die aber immer eine Länge von mindestens 20 cm aufweisen müssen, denn kurze Stücke würden sich später zu leicht spalten.

Bei allen Materialien ist es letztlich so, daß man sich vorher damit beschäftigen sollte, was technisch oder vor allem auch handwerklich berücksichtigt werden muß.

„Blühende Gartenwege" entwickeln einen ganz besonderen Charme. Sie sind recht selten anzutreffen, und ein Garten-Neuling kann sich darunter kaum etwas vorstellen. Das Reizvolle daran sind die Pflanzen, die in den Weg mit hineinkomponiert werden, so daß der Weg gar nicht mehr als Zweckmäßigkeit empfunden wird, sondern mit dem Garten selbst ein Ganzes bildet. Schwierig ist die Anlage eines solchen Weges nicht, denn hier wird nur beim Verlegen der Platten ein kleines Stück freigelassen, das mit polster- oder kissenbildenden Pflanzen besetzt wird. Natürlich muß man das Erdreich für die Pflanzen so herrichten, daß sie gut gedeihen können. Die Pflanzenauswahl muß so getroffen werden, daß man sie auch begehen – also unter Umständen auch mal „drauftreten" kann. Außerdem müssen sie einen rigorosen Rückschnitt vertragen, denn daß sie nachher die Platten überwuchern, ist ja nicht der Sinn der Sache. Sternmoos (Sagina subulata) und Hornkraut (Cerastium) eignen sich dazu, kissenbildende Steinbrecharten (Saxifraga), Fetthenne (Sedum) und viele andere ganz niedrig wachsende Polsterstauden, die man auch für Trockenmauern wählt.

Wichtig für die Anlage eines Gartenweges ist die Überlegung, daß er so breit sein muß, daß zwei Personen ihn nebeneinander begehen können. Sonst wäre es ein Pfad, der nur der Zweckmäßigkeit dient und dem Garten „das Gesicht" nimmt. Es ist gut, wenn man rechtzeitig disponiert, wo der zweite Sitzplatz am Ende des Gartens, wo eine elektrische Leitung oder eine Bewässerungsanlage später einmal ihren Zweck erfüllen sollen, wenn die wichtigsten Arbeiten geschafft sind. Man kann bei der Anlage des Weges und beim Aushub bereits die Wasser- oder Elektroleitungen mit eingraben und einbauen. Es gibt heute witterungsbeständige Plastikkabel oder Leitungen, die man in Plastikrohr verlegen kann. Sonnige Plätze für die Liegestühle können oft nur über den Rasen erreicht werden – ebenso die Spielecke der Kinder, der Wäschetrockenplatz der Hausfrau, und im Winter wird der Weg zum Vogelhäuschen täglich begangen. – Das verträgt der Rasen nicht. Um diesen „Trampelpfad" zu vermeiden, kann man einen Plattenweg durch den Rasen verlegen. Betonplatten, flache Natur- oder Kunststeinplatten sind hierfür am besten geeignet.

Man muß bei dieser Anlage die Schrittweite beachten. Die Platten dürfen nicht zu weit voneinander entfernt liegen. Außerdem ist es wichtig, daß sie nicht nur plan, sondern ein ganz klein wenig tiefer liegen als der Rasen selbst. Man darf auf keinen Fall Schwierigkeiten beim Mähen des Rasens bekommen, daß womöglich der

Sitzplätze können in allen Variationen im Garten geschaffen und gestaltet werden. Wichtig sind Bodenbelag, Schutz vor Regen und Wind sowie der Ausblick auf die Gartenfläche. Ein brauchbares und schönes Zubehör sind Gartenkamin und Gartengrill.

Mäher an die Kanten der Steine stößt oder gar keine Möglichkeit hat, ungehindert darüber hinwegzufahren. Die Platten des Weges dürfen aber nicht so tief liegen, daß der Rasen oder irgendwelche Unkräuter sie überwachsen könnten.
Falsch wäre es, den Rasen anzulegen und zur gleichen Zeit auch die Platten, denn man muß bedenken, daß sich der Boden „setzt" und damit Rasen und Platten unterschiedlich tief oder hoch liegen.

Sitzplätze in der Sonne und im Schatten

Wenn der Garten geplant wird, dann sollte von vornherein nicht nur e i n Sitzplatz vorgesehen werden, sondern z w e i. Das ist keine Überheblichkeit des Gartenbesitzers, es ist eine reine Zweckmäßigkeit. – Der erste Sitzplatz ist meistens die Terrasse beim Haus – leicht zu erreichen von Wohnzimmer und Küche. Liegt die Terrasse in der vollen Sonne, so kann man daran denken, einen zweiten Sitzplatz an einem schattigen Ort zu schaffen – für den Fall, daß es die Sonne im Hochsommer allzugut meint.
Wer mitten im „Grünen" sitzen möchte, legt eine Plattenfläche in den Rasen und errichtet dort seinen Sitzplatz. Auch eine Bank am Ende des Gartens, vielleicht unter einem kleinkronigen Baum, bietet ein ruhiges Plätzchen, von wo aus man den ganzen Garten überschauen kann und den Blick aufs Haus hat. – Wenn man mit dem Platz nicht zu geizen braucht, können auch einige praktische Gartenmöbel aufgestellt werden, in der Mitte ein transportabler Gartenkamin oder der Gartengrill. So etwas ist ideal für eine sommerliche Gartenparty.
Eines aber sollte beachtet werden: die Möbel für den Sitzplatz müssen vom Beginn der warmen Tage bis zum Herbst draußen stehen bleiben können, denn nichts ist lästiger, als wenn man abends alle Sitzmöbel erst „wegräumen" muß. Witterungsbeständige Möbel findet man heutzutage aus allem möglichen Material, in den verschiedensten Formen und Farben – da gibt es für den Sitzplatz keine Probleme mehr. –

Spielplätze und ihre Lage

Wenn vom Spielplatz im Garten gesprochen wird, dann geht es meistens um den Kinderspielplatz, um Sandkasten, Schaukel, Kletterbaum und ähnliche Geräte. Versuchen Sie, den Spielplatz dort einzurichten, wo er von der Küche aus „eingesehen" werden kann. Hier hält sich die Hausfrau am Vormittag auf – von hier aus sind die Kinder unter Aufsicht. Wenn sich dieser Gedanke nicht verwirklichen läßt, weil das Küchenfenster nach Norden liegt oder vielleicht keinen Ausblick zum Garten gewährt, dann versuchen Sie, den Spielplatz in die Nähe der Terrasse zu legen, denn dieser Platz ist ja nicht nur Sitzplatz für die Familie, sondern auch noch „Arbeitsplatz" für die Hausfrau, so daß damit die Beaufsichtigung der Kinder möglich ist. Soll der Spielplatz in der Sonne liegen? Ja, doch ist es ratsam, einen kleinkronigen Baum in südlicher Richtung vor den Spielplatz zu pflanzen, der an heißen Sommertagen den notwendigen Sonnenschutz gibt. Bauen Sie den Spielplatz immer so auf, daß er an eine Rasenfläche angrenzt, denn dann kann er nach Bedarf erweitert werden. In der gleichen Weise soll der Spielplatz auch an den Gartenweg angelehnt werden, denn er wird ja früher oder später einmal zur „Rennbahn" gemacht. Berücksichtigen Sie diese Dinge und denken Sie daran, daß ein Sandkasten gelegentlich frisch gefüllt werden muß und daß so

etwas mit einem Schubkarren geschieht – ein weiterer Grund, weshalb der Spielplatz am Gartenweg liegen sollte.
Der Platz für eine Schaukel ergibt sich zwangsläufig, wenn die Teppichstange frei im Garten oder im Hof steht. Auch zwischen zwei standfesten, älteren Bäumen, die nahe beieinanderstehen, läßt sich mittels eines Querholzes, das gut in die Bäume verankert wird, eine Schaukel anbringen. Es gibt aber auch fertige Schaukelgerüste zu kaufen, die dann an beliebiger Stelle im Garten aufgebaut werden können.
Ein Tischtennistisch darf niemals auf dem Rasen aufgestellt werden, die Plätze der Spieler wären in kurzer Zeit kahl wie die Flächen vor einem Fußballtor. Wenn man ein „Tischtennisfan" ist, dann muß man von vornherein den Platz dafür einkalkulieren.

Gartenzäune müssen in die Umgebung passen

Damit soll gesagt werden, daß ein sogenannter Jägerzaun zwar sehr hübsch aussieht, aber in der Stadt zur Abgrenzung großer Mietshäuser doch recht deplaziert ist. Genauso unpassend wirkt es, wenn ein Zaun aus ungehobelten breiten „Schwartenbrettern" Reihenhausgärten oder gar einen Kleingarten umgibt. Das sind zwar recht krasse Beispiele, aber man muß sich einfach darüber im klaren sein, welcher Zaun zum Haus, zur Umgebung und überhaupt in die Gegend paßt.
Kunststoffzäune werden heutzutage dem längst veralteten Lattenzaun vorgezogen, weil sie sehr variabel und vor allem leicht zu pflegen sind.
Ein Zaun, der Jahr für Jahr neu gestrichen werden muß, wird finanziell zur Last. Unterbleibt aus diesem Grund das Streichen, dann sieht das ganze Grundstück bald unansehnlich und ungepflegt aus. — So kann man wohl den Zaun als „Visitenkarte" eines Grundstücks bezeichnen.
Trotz allem aber soll ein Zaun möglichst haltbar sein und auf Jahre hinaus wenig Arbeit machen. Diese Bedingungen erfüllt sogar schon ein mit Kunststoff überzogener Maschendrahtzaun, bei dem es allerdings wichtig ist, daß die Spanndrähte beim Anbringen des Maschendrahtes oben und unten richtig gezogen und vor allen Dingen gespannt werden. Daß die Zaunpfosten immer richtig im Boden verankert sein müssen, versteht sich von selbst. Kunststoffzäune werden in modernen Formen wie in althergebrachten Mustern angeboten. Man kann die Teile fix und fertig kaufen, ob

Holzzäune sind sehr dekorativ, aber auch recht durchlässig und brauchen jährliche Pflege, wenn sie lange halten sollen.

sie nun aussehen wie Schmiedeeisen, wie dreikantiger Lattenzaun oder Draht. Auf alle Fälle sind sie dauerhaft und pflegeleicht – und da sollte man sich auch vorher überlegen, welches „Motiv" man wählt, das passend und nicht störend wirkt.

Wasserbecken in klein und groß

Wasser im Garten belebt immer, ob es nun gleich ein Springbrunnen sein muß, bleibt dahingestellt, denn das entscheidet auch wieder die Größe des Grundstücks.
Fangen wir „klein" an, so ist das kleinste Wasserbecken im Garten die Vogeltränke. Hier muß man aber als Garten-Neuling wissen, daß man des Guten nicht zuviel tun darf. Eine solche Vogeltränke darf nicht tiefer als 10 cm sein, damit die Vögel auch darin baden können, aber nicht dabei ertrinken. – Am Rand dieser Tränke und auch in der Mitte sollen die Vögel eine Sitzmöglichkeit haben. Das kann man leicht erreichen, indem man auf einen brei-

Wasserbecken bringen Leben in den Garten. Hier ist noch eine Pflanzwanne mit eingebaut worden, die saisonbedingten Blumenschmuck enthält. Umwälzpumpen verringern die Wasserkosten!

ten Rand achtet und in die Mitte einfach einen größeren Stein legt. Die Vogeltränke darf nicht zwischen den Pflanzen im Garten aufgestellt werden, sie muß frei stehen, damit Katzen keine Versteckmöglichkeit haben. Wasserbecken für Wasser- und Sumpfpflanzen, Frösche, Fische und anderes Getier müssen über 30 cm tief sein und dürfen nicht weniger als 60–80 cm Durchmesser haben, weil sich sonst das Wasser zu schnell erwärmt.

Soll ein Planschbecken für kleine Kinder eingerichtet werden, dann darf dieses Becken nicht tiefer als 30 cm sein und nicht größer als 3 qm. Es muß in der vollen Sonne liegen, damit sich das Wasser schnell erwärmen kann und auch die Temperatur gleichbleibend ist. Ähnlich wie beim Sandkasten, sollte ein Planschbecken nur da errichtet werden, wo man es vom Haus aus gut unter Aufsicht hat. Wählt man ein Kinder-Planschbecken aus Plastik, das mit einer Tretluftpumpe aufgeblasen wird und das transportabel ist, so kann man es immer dort aufstellen, wo es gerade am zweckmäßigsten ist.

Haben Sie in Ihrem Garten genügend Platz, um größere Wasserbecken anzulegen, dann ist zweifellos ein Becken aus Kunststoff-Folie das preiswerteste. Man kann darin baden, man kann auch Fische darin aussetzen und Wasserpflanzen kultivieren. Zunächst wird dafür eine Erdgrube ausgehoben; dabei entfernen Sie alle Wurzeln, Steine und Scherben. Ehe die Kunststoff-Folie eingelegt wird, füllen Sie den Boden mit feinem Sand auf, damit der Grund des Beckens schön weich ist und keine spitzen Steine die Folienhaut verletzen können. Der Rand der Folie wird umgebogen, in die Erde eingegraben oder mit Erde bedeckt. Man kann natürlich auch Platten zum Abdecken verwenden.

Ein gemauertes und zementiertes Wasserbecken bringt schon mehr Probleme mit sich, denn hier muß Spezialmaterial verwendet werden, damit das Becken auch wirklich dicht ist und das Wasser nicht langsam absickern kann.

So ist das Anlegen eines Schwimmbeckens keine Sache für Laien und Anfänger, denn es gibt dabei so viele Dinge zu berücksichtigen, daß es besser ist, sich entweder vorher gründlich mit dieser Materie zu befassen oder aber einen Fachmann zu Rate zu ziehen.

Das Frühbeet ist eine nützliche Einrichtung

Das Frühbeet sollte sich unbedingt in der Nähe der Wohnung befinden und schnell zu erreichen sein.

Warum? Weil so ein Frühbeet jeden Tag seine Wartung braucht. Natürlich spielt dabei das Material eine Rolle, das als „Fenster" benutzt wird: Glas und Kunststoff in den verschiedenen Zusammensetzungen.

Vor allem geht es beim Frühbeet schlechthin um seine „Bedienung". Morgens, mittags und am Spätnachmittag muß „Hand angelegt" werden: Luft geben, für Luftfeuchtigkeit sorgen, gießen und das Frühbeet für die Nacht wieder schließen.

Daß all diese aufgeführten Arbeiten Zeit kosten, dürfte jedem klar sein. Deshalb sollte sich nur d e r Gartenbesitzer und Kleingärtner ein Frühbeet zulegen, der wirklich Zeit hat, die tägliche Überwachung des Frühbeetes vorzunehmen.

Welche Vorteile hat das Frühbeet?

Im Frühjahr kann man Salat und Gemüse für den eigenen Haushalt anziehen, Radieschen, Rettiche, Buschtomaten, Buschbohnen, Gurken, Paprika, Feldsalat und Spinat.

Im Frühbeet kann man aber auch Zierpflanzen vermehren, Blumensamen aussäen, Stauden anziehen, Stecklinge stecken oder sogar Gehölze vermehren. – Übrigens werden im Frühbeet auch

Erdbeeren kultiviert – bei richtiger Behandlung kann man die Früchte 14 Tage bis 3 Wochen früher als im Freiland ernten. Das ist schon etwas! In einem Frühbeet läßt sich auch gut ein Kräuterbeet anlegen, und man kann dann bis in den tiefen Winter hinein jederzeit frische Petersilie, Schnittlauch und andere beliebte Küchenkräuter holen, was jede Hausfrau sehr zu schätzen weiß.

Wenn nach diesen Pflanzvorschlägen verfahren wird, taucht sicherlich bald die Frage auf, warum man erst ein Frühbeet anschaffen sollte, wenn man alle diese genannten Kulturen auch auf einem beliebigen Beet im Garten anpflanzen kann?

Ja und nein – gewiß ist die Ernteverfrühung der Kulturen beim Frühbeet bemerkenswert. Viel wichtiger aber ist der lockere, humose Boden im Frühbeet, in dem bei richtiger Feuchtigkeit und Nährstoffversorgung jede Pflanze wesentlich schneller wächst als auf einem Gartenbeet draußen. Hier in dem idealen Boden eines Frühbeetes gibt es kaum Wachstumsstockungen, hier wächst die einzelne Pflanze zügig durch – von der Saat bis zur Ernte – und das Resultat: immer eine erstklassige Qualität!

Wohin kommt das Frühbeet und wie groß soll es sein? Das richtet sich nach den Bedürfnissen des Hobby-Gärtners. Die neuen Kunststoff-Frühbeete sind meistens 1 m breit und 1.50 m hoch bzw. lang. Ein solches Frühbeet hat allerdings nicht viel Platz, so daß man da höchstens ein wenig experimentieren kann. Um etwas aktiver mit dem Frühbeet zu werden, braucht man doch mindestens eine Fläche von 3 x 1,50 m. Diese Fläche reicht aus, um Frühsalat und Radieschen zu kultivieren, Sommerblumen auszusäen und zu vereinzeln, frühen Feldsalat in genügender Menge zu haben und frische Petersilie in den Winterwochen zu ernten. Der geschützte und sonnigste Platz im Garten – das ist der richtige Frühbeetplatz! Oftmals läßt es die Lage des Hauses und der Lichteinfall zu, daß man ein Frühbeet mit der oberen Beetseite sogar ans Haus anlehnt, selbstverständlich muß das die Süd- oder Westlage sein, denn hier gibt es im Laufe des Tages die meisten wärmenden Sonnenstrahlen. Eine solche Lage hat noch den Vorteil, daß man ohne Schwierigkeiten aus dem Hauskeller heraus eine Wasserleitung zum Besprühen des Frühbeetes legen kann, ebenso eine Elektroheizung. Auf keinen Fall darf ein Frühbeet dort aufgebaut werden, wo es im lichten Schatten oder im tiefen Schatten liegt. Der Bau des Frühbeetes ist nicht schwierig, denn im Grunde genommen handelt es sich um einen Kasten ohne Boden, der mit Frühbeetfenstern belegt wird. Man setzt ihn nicht auf den Boden, sondern etwa 10–15 cm in den Boden hinein. Die Wände haben oben und unten zwar die gleiche Länge, aber nicht die gleiche Höhe. Oben ist die Wand 40 cm hoch und unten 25 cm. Die beiden Seitenwände haben oberseits eine Schräge, so daß sie sich dem Gefälle von Norden nach Süden anpassen. Auf diese Weise entsteht eine leichte Neigung, die es ermöglicht, daß das Frühbeet voller von der Sonne getroffen wird und das Wasser auf den Fenstern nach unten ablaufen kann. Als Baumaterial kann man Bretter nehmen, aber auch fertige Wandteile aus Zement. Auch aus einzelnen Kunststoff-Teilen kann man einen Frühbeetkasten zusammenstellen. Geschickt und zweckmäßig ist es, an der oberen und unteren Seitenkante zwei Zementplattenreihen anzulegen, damit man „trockenen und sauberen Fußes“ an das Frühbeet gelangen kann.

Früh im Garten ernten! Die „Käseglocke“ aus Plexiglas ermöglicht das.

Welche Frühbeetfenster gibt es und welches Zubehör? Heutzutage haben fast alle Frühbeetfenster genormte Maße von 1 x 1.50 m, – sie unterscheiden sich aber durch das Material des Frühbeetrahmens. Da gibt es Holzrahmen, verzinkte Rahmen und Aluminiumrahmen. Die Rahmendecke kann aus Glas bestehen, aus Kunststoff und aus Folie bzw. aus Kunststoff-Folie mit einem Drahtgeflecht. Alles Material kauft man in einem Gartenfachgeschäft. Auch die „Fensterhölzer", mit denen man in der warmen Mittagszeit oder an warmen Tagen die Frühbeetfenster weniger oder mehr hochstellt, damit die Luft zirkulieren kann und die Pflanzen im Frühbeet keine Verbrennungsschäden erleiden. Es gibt auch ein Schattengewebe für die sehr sonnige Zeit, das bei Bedarf über das Frühbeetfenster abgerollt wird. Wer Wert darauf legt, in den zeitigen Frühjahrswochen schon die ersten Aussaaten ins Frühbeet vorzunehmen, braucht einen Kälteschutz. Den einfachsten und billigsten Kälteschutz liefern die früher in Gärtnereien verwendeten Strohdecken, mit denen man das Frühbeet über Nacht bedeckt, um die Kälte abzuhalten. Sobald es frühmorgens hell geworden ist, werden die Strohdecken zusammengerollt und neben das Frühbeet gestellt, um am Abend wieder aufgelegt zu werden.

Kunststoff-Folienfenster brauchen eine Verankerung durch eine Drahtsperre, die quer über die vorhandenen Fenster läuft.

Das Packen eines Frühbeetes ist auch heute, wo im Gegensatz zu früher der Pferdedung zum „raren Artikel" geworden ist, kein Problem. Man trägt in die ausgegrabene Fläche, wo der Kasten nachher draufgesetzt werden soll, eine 30 cm hohe Schicht Laub auf und übergießt sie mit heißem Wasser. Darauf kommt wieder eine Erdschicht. Dann kommen die Abdeckungsfenster darauf, und das Ganze wird mit Strohdecken zugedeckt. Nach 5—7 Tagen wird das Frühbeet geöffnet, die Erde glattgezogen, dann ist es pflanz- und einsaatfertig.

Was sagt übrigens der Begriff „gute Frühbeeterde"? Mürbe, lockere, sandige, nahrhafte Erde, die aus alten Stalldüngerresten entstanden ist, muß so vollkommen verrottet sein, daß sie keinerlei Bestandteile mehr enthält, die Fäulnis verursachen. Es muß einfach eine reife Erde sein. Gute Frühbeeterde kann sich der Gartenbesitzer durch eine vorschriftsmäßige Kompostwirtschaft herstellen, denn die ideale Frühbeeterde aus vergangenen Zeiten gibt es kaum noch. Heute füllt der Hobby-Gärtner sein Frühbeet mit Sand, Torf und alter, gesiebter, feiner Gartenerde, ohne darunter eine Lage Pferdedung zu haben. Da fehlt zwar die Wärme, aber darauf muß eben verzichtet werden.

Wer ein beheiztes Frühbeet betreiben will, tut das mit elektrischem Strom. Das ist einfacher und arbeitssparender und es bringt eine bessere Wirkung hervor als das „alte Mistbeet" vergangener Zeiten.

Wenn es um kleine und große „Ersatzfrühbeete" geht, so spielt dabei immer die Kunststoff-Folie eine Rolle, sowie die „Käseglocke" aus Plexiglas und die Frostschutzhauben. Gartenfachgeschäfte bieten diese Dinge an; sie sind preiswert, aber sehr windgefährdet und setzen voraus, daß der Boden, der überdeckt werden soll, völlig eben ist. Wenn das nicht der Fall ist, dann findet der Wind immer eine Möglichkeit, „unter die Decke zu kriechen". Damit ist zunächst einmal die Wirkung einer solchen Schutzeinrichtung in Frage gestellt, und außerdem besteht auch schon bei einem leichten Wind die Möglichkeit, daß alles davonfliegt.

Wenn Sie sich entschließen, mit Folientunnel in Ihrem Garten zu arbeiten, dann achten Sie beim Kauf darauf, daß die Folie eine Stärke von 0,10 mm hat. Es genügt zwar auch eine Folie mit 0,05 oder 0,065 mm, aber das zwangsläufig häufige Zusammenlegen und Ausbreiten strapaziert das Material doch beachtlich, so daß die stärkere Folie auch die bessere Folie ist. Wie schon erwähnt, soll der Boden völlig eben sein, wenn zum Beispiel Salat auf das Beet gepflanzt und die Folie dann darüber gezogen wird. Es versteht sich von selbst, daß alle Gartenbeete in der Ost-Westrichtung verlaufen. Damit ist auch die ideale Folienrichtung festgelegt, denn sie entspricht der Hauptwindrichtung. Die Drahtbügel, die in kurzen Abständen in das Beet gesteckt werden, schaffen den Hohlraum unter der Folie, die zweiten Drahtbügel, die nach dem Ausspannen der Folie neben und über die Folie gesteckt werden, sorgen für die Festigkeit der Folienanlage. An den beiden Tunnelenden wird die Folie zusammengefaßt, zu einem Knoten gebunden, der dann verankert wird. Die Seitenteile werden in die Erde eingegraben bzw. mit Erde so bedeckt, daß ein Luftabschluß vorhanden ist.

Verständlicherweise taucht die Frage auf, ob der Folientunnel nicht auch gelegentlich „gelüftet" und die Pflanzen gegossen werden müssen. – Nur bei großer Hitze ist es notwendig, dafür zu sorgen, daß in der Mittagszeit die Luft leicht durch den Folientunnel streichen kann. Dabei wird dann auch etwas gesprüht oder gespritzt, denn richtiges Gießen ist nicht notwendig, da die vorhandene Feuchtigkeit unter der Folie kaum verdunstet.

Die gleichen Maßnahmen gelten auch für die Frostschutzhauben und für die „Käseglocke" aus Plexiglas.

Es gibt auch selbstlüftende Frühbeetfenster.

Die jeweilige Wachstumstemperatur wird durch Drehen am Ther-

mostat, das aus Kupfer ist, eingestellt. Durch Vordrehen nach der Gestängeseite öffnen sich die Scheiben früher.
Zu diesen Frühbeetfenstern passend, die es übrigens nur in der Größe von 80 x 150 cm gibt, können auch Frühbeetkästen aus Eternit geliefert werden. Dieses Material aus Asbest-Zement ist natürlich sehr witterungsbeständig und fast unbegrenzt haltbar. Solche Kästen werden direkt am Verwendungsort zusammengeschraubt und etwas eingegraben.

Pflanzenkataloge liefern gute Informationen

Zur Pflanzzeit werden von Baumschulen, Staudengärtnereien, gärtnerischen Versandbetrieben, Gartenfachgeschäften, Garten-Centren und Versandhäusern Verkaufskataloge verschiedener Art verschickt.
Anhand dieser Kataloge kann sich der Gartenbesitzer Pflanzen, Sämereien, Blumenzwiebeln und Blumenknollen, Gartengeräte, Gartenbedarfsartikel, Düngemittel und Schädlingsbekämpfungsmittel auf schriftlichem Weg bestellen.
Lassen Sie sich übrigens nicht durch die Brillanz des Farbdruckes beeinflussen, oftmals entsprechen später die Blütenfarben der Pflanzen im Garten nicht der Druckfarbe im Verkaufskatalog. Es gibt Kataloge, die nur ein paar Farbtafeln haben, sonst aber mit Zeichnungen und Ideenbeispielen arbeiten. Ideen zur Pflanzenverwendung im Garten.
Bestellscheine sowie die Lieferungsbedingungen müssen sorgfältig durchgelesen werden! Wenn Sie diesen Dingen keine Bedeutung beimessen, dürfen Sie sich nicht wundern, wenn Sie bei einer Bestellung nicht die gewünschte Pflanze oder Sorte erhalten, sondern dafür Ersatzpflanzen einer ähnlichen Art, Sorte oder Farbe.
Übrigens ein guter Tip: Wer Pflanzen und Sämereien bestellt, sollte das Duplikat der Bestellung so lange behalten, bis die Sendung eingetroffen und eine Überprüfung möglich ist.
Kann man nach einem ausführlichen Katalog seinen Garten bepflanzen?
Das ist durchaus möglich, wenn man sich Zeit nimmt und sich intensiv mit dem Katalog beschäftigt, wobei viel notiert werden sollte. Es ist auch zweckmäßig, zur Pflanzenbestellung eine Ideenskizze des Gartens auf Millimeterpapier zu erstellen, um danach erst festzulegen, was, wieviel, wohin gepflanzt werden soll.
Zu guten Katalogen gibt es Pflanzenzusammenstellungen, die dem Gartenbesitzer das Suchen nach den richtigen Pflanzen bedeutend erleichtern.

Bastler haben es leicht, sich mit Kunststoff-Folien eine Beetüberdachung zu schaffen, die den jungen Pflanzen zu einem schnelleren Wachstum verhilft.

Haben Sie das schon einmal gelesen? — „Für Steingärten und Grabstätten immergrüne Bodendecker“, Halbsträucher, Immergrüne, Koniferen, Einzelgehölze, Kleingehölze, — geeignete Laub- und Nadelgehölze für den Heidegarten, Schling- und Kletterpflanzen für sonnige und schattige Lagen, Selbstklimmer für Wände und Mauern.
Diese Beispiele lassen sich beliebig erweitern, und sie sollen zeigen, wie informativ ein Katalog gestaltet werden sollte, damit der Laie und Gartenbesitzer viel Nutzen daraus ziehen kann.
Ein guter Katalog sollte ein gärtnerisches Nachschlagewerk sein. Wenn die botanischen Namen vor den deutschen Bezeichnungen stehen, so muß das sein, weil alle Pflanzen, die auf unserer Erde wachsen, einen botanischen Namen erhalten haben, der nicht nur bei Baumschulen und Gärtnereien bekannt ist, sondern der international verwendet wird. Hinzu kommt noch, daß es ja in einer

Pflanzenkataloge und Blumenzwiebel-Informationen haben hier geholfen, eine Trockenmauer zu begrünen und eine Rabatte im Frühjahr bunt zu gestalten.

Pflanzenfamilie, die ihren botanischen Namen trägt, sehr viele Familienmitglieder gibt, die sich nur durch ihre „Spezies" – ihren botanischen Zusatznamen – voneinander unterscheiden.
Deshalb sollten Sie in jedem Falle eine Pflanzenbestellung nur mit der botanischen Namensbezeichnung aufgeben. Selbstverständlich können Sie die deutsche Bezeichnung hinter den botanischen Namen setzen. Das sieht dann zum Beispiel so aus:
Forsythia intermedia (Forsythie oder Goldglöckchen)
Sorte Lynwood Gold.
Vergessen Sie auch nicht, die Größe bzw. die Stärke der Pflanze anzugeben; versäumen Sie es, so wird man Ihnen in den meisten Fällen eine eben gerade verkaufsfähige Jungpflanze zuschicken, die ca. 60–80 cm hoch ist. Sie kostet nur ungefähr DM 3,– bis 5,–, während ein blühfähiger Strauch mit Wurzelballen, der fast 2 m hoch ist, fünfmal so viel kostet, also ungefähr DM 25,–.
Noch ein Wort zu den Katalog-Bezeichnungen. Wissen Sie, was ein Solitärgewächs ist? Das ist eine Pflanze, die mit einem sehr weiten Abstand als Jungpflanze in der Baumschule herangewachsen ist und sich ungehindert nach allen Seiten entwickeln konnte. Alle Jahre bzw. alle zwei Jahre wird eine solche „Solitärpflanze" umgepflanzt. Durch das Umpflanzen bildet sich ein fester Wurzelballen. Eine Solitärpflanze bietet immer die Gewähr dafür, daß sie an ihrem neuen Platz – auf Grund ihres Wurzelballens — sofort weiterwächst. Der Preis einer solchen Pflanze ist durch den Pflegeaufwand natürlich höher als der einer Normalpflanze, und das muß schließlich auch vom Gartenbesitzer akzeptiert werden. Wenn Sie mich fragen: wie kaufen Sie denn die Pflanzen für Ihren Garten? — Dann muß ich Ihnen sagen, daß ich mir die Pflanzen in einer guten Baumschule aussuche, sie dort vom Baumschulgärtner mit meinem Anschriftenetikett versehen lasse und sie dann rechtzeitig zur Pflanzung abrufe. Für eine solche Sonderauswahl zahle ich verständlicherweise einen höheren Preis, aber dafür habe ich auch die Garantie, daß ich eine besonders schön entwickelte Pflanze für meinen Garten erhalte. In diesem Zusammenhang noch ein Wort zum Versand der Pflanzen: Am einfachsten ist es, wenn sich der Gartenbesitzer seine ausgewählten Pflanzen nach Voranmeldung selbst in der Baumschule abholt, vorausgesetzt natürlich, daß keine besonders großen Entfernungen zu überwinden sind. Ist das der Fall, dann sollte man den Weg als Expreßgut der Bundesbahn wählen. Auf diese Weise geht es bei der heutigen Transportsituation am schnellsten, und das ist gerade bei „lebenden Pflanzen" besonders wichtig. Sie sollen ja so schnell wie möglich wieder in den Boden kommen und weiterwachsen – und das können sie nur bei einem schnellen Transport.

Pflanzzeit ist das ganze Jahr

Die Pflanzzeit kann im allgemeinen im zeitigen Frühjahr beginnen, und sie braucht erst kurz vor der winterlichen Frostperiode beendet zu sein. Anfang und Ende der Pflanzzeit bestimmt immer das örtliche Klima. Das gilt im wesentlichen für Gehölze, also für Sträucher, Rosen, Kletterpflanzen, Heckenpflanzen und Bäume. Natürlich auch für Stauden, und dazu gehören auch die Gräser. Die Sommerblumen kann man nicht mehr in den Herbstwochen pflanzen, und keinem Gartenbesitzer wird es einfallen, in den Frühlingswochen Tulpen oder Narzissen in den Boden zu stecken.
Die Natur verlangt nun einmal ihre Ordnung, und die soll auch eingehalten werden, trotz der zeitlich gegebenen Pflanzbreite unse-

rer Tage, die durch die Baumschulen und Staudengärtnereien wesentlich erweitert worden ist. Die Container-Kulturen sind es, die es diesen Betrieben ermöglichen, die ganze Wachstumsperiode über an Gartenbesitzer „Pflanzen zum Weiterwachsen" zu liefern, so daß sogar mitten in den Sommerwochen die Möglichkeit besteht, frisch hergerichtete Gartenbeete zu bepflanzen. Wenn der Fachmann in solchen Fällen von Container-Pflanzen spricht, so sieht er darin den großen Fortschritt im Bereich der Gartengestaltung. Im Container, also im Behälter, der aus einem Kunststoff-Topf besteht, hat die Pflanze einen Wurzelballen entwickelt, meistens in Torfkultursubstrat. Der Topfballen ermöglicht der Pflanze, während der Kulturzeit viele kleine Saugwurzeln zu bilden und dann am neuen Standort sofort wieder weiterzuwachsen. Dieses Pflanzenanzuchtverfahren – die Container-Kultur – gilt für Stauden, Sträucher und Bäume.

Wissen Sie eigentlich, warum der Herbst die beste Pflanzzeit sein soll?

Weil zu diesem Zeitpunkt die meisten Pflanzen wie Bäume, Sträucher und Nadelgehölze leicht anwachsen, wenn man ihnen die entsprechenden kleinen Hilfeleistungen gibt. Dazu gehören: Das Abdecken der Pflanzfläche mit Torf oder Humus, wenn die Pflanze im Boden steckt und wenn der Haltepfahl – schräg gegen die Windrichtung eingeschlagen – das Anwachsen des Strauches oder des Baumes in Ruhe ermöglicht. – Außerdem stets eine kräftige Wasserzufuhr, wenn der Boden trocken ist. Alle frisch gesetzten Pflanzen haben vom Frühherbst an noch Zeit bis zur Frostperiode anzuwachsen. Der Beginn dieser Periode kann sich allerdings ändern, er wird in jedem Jahr verschieden sein.

Das ist besonders für Nadelgehölze sehr wichtig, ebenso für alle Immergrüne wie Rhododendron, Azaleen, Kirschlorbeer, Ilex und andere.

Im zeitigen Herbst gepflanzte Rosen werden im nächsten Frühjahr immer voll da sein, während spät gepflanzte Rosen im Laufe der Winterwochen vertrocknen können; der Fachmann sagt dazu „auswintern". Sie vertrocknen im Boden, weil ihre Wurzeln keine Zeit mehr hatten, mit der Erde Verbindung zu bekommen. Und gerade diese Wurzelverbindung ist so wichtig, denn dadurch steigt die Feuchtigkeit des Bodens hoch in die oberirdischen grünen Pflanzenteile und verdunstet dort – auch in den Winterwochen. Deshalb ist es so verständlich, daß Rosen immer rechtzeitig gepflanzt und ausreichend mit Wasser versorgt werden müssen, damit sie möglichst lange grün bleiben. Wenn die Verdunstung der

Junge Erdbeerpflanzen werden im August gesetzt. Wenn sie später gepflanzt werden sollen, dann empfiehlt es sich, sie auf ein Torf-Sand-Beet eng zu pikieren, damit sie Wurzelballen bilden und in dieser Form nachher gleich an Ort und Stelle gesetzt werden können.

Feuchtigkeit im Blattwerk und in den Trieben so rasch vonstatten geht, daß der „Nachschub" des Wassers aus dem Boden nur mäßig erfolgen kann, dann vertrocknen die Triebe. Immer hört man in solchen Fällen, daß der unwissende Gartenbesitzer sagt: „Meine Rosen sind erfroren".

In manchen Jahren kann das Pflanzen der Bäume, Sträucher, Rosen und Stauden im Frühjahr erfolgreicher sein als in der Herbstzeit. Das ist aber nur dann der Fall, wenn der Winter sehr viel Feuchtigkeit bringt und die Bodentemperatur in den Spätwinterwochen nicht zu tief ist, allerdings auch nicht zu hoch steigt. So ein „gemäßigtes" Wetter um die Februar-März-Zeit kann sich dann gut zum Pflanzen eignen, weil die Wurzeln im Erdreich gleich Fuß fassen und das Wachstum beginnt.

Wußten Sie eigentlich schon, daß die Birke, die oftmals auch „das Unkraut des Waldes" genannt wird, in den Herbstwochen sehr schwer anwächst? – Es kann vorkommen, daß Sie aus einer

Baumschule in den Herbstwochen eine Birke mit Ballen pflanzen und diese Birke nicht anwächst. Pflanzen Sie dagegen in den Frühjahrswochen eine Birke, so können Sie sicher sein, daß dieser Baum anwächst – und er braucht nicht einmal einen Pflanzenballen zu haben!

In den beiden großen Pflanzzeiten Frühjahr und Herbst werden aber nicht nur Bäume und Sträucher in den Garten gepflanzt, – sondern auch Sommerblumen, Knollen- und Zwiebelgewächse, Stauden, Gräser und Farne. Ohne besondere Betonung kann gesagt werden, daß zu jeder Jahreszeit irgendeine Pflanze in den Boden gebracht werden kann – Pflanzzeit ist immer!

Bei der Anlage eines Gartens, wo Auswahl und Standort der Pflanzen besonders wichtig sind, geht es zunächst um die Pflanzung der „Schwerpunkte". Das sind meistens Bäume- und Strächergruppen, manchmal auch Hecken.

Da man ja die Grenzabstände der einzelnen Pflanzen voneinander kennen muß, sollte man sich v o r der Pflanzung von Bäumen, Sträuchern und Hecken danach erkundigen. Die Bestimmungen sind leider in jedem Bundesland unterschiedlich. Ehe Sie einen Fehler machen, fragen Sie bei dem zuständigen Landwirtschaftsamt Ihres Stadt- oder Landkreises oder einem fachkundigen Rechtsanwalt nach den Bestimmungen. Durch diese Vorsichtsmaßnahme gehen Sie unter Umständen späteren Schwierigkeiten mit Ihren Nachbarn aus dem Wege. Je kleiner die Gärten werden, um so wahrscheinlicher ist es, daß gemeinschaftliche Grenzeinrichtungen zwischen den Gärten geschaffen werden müssen. In erster Linie werden es die gemeinschaftlichen Hecken sein, die neben den Zäunen oder Mauern Probleme aufwerfen. Vielleicht ist es auch ein gemeinschaftlicher Weg, der einmal zum Zankapfel werden kann. Erkundigen Sie sich rechtzeitig, in welcher Weise so eine Gemeinschaftshecke angelegt werden muß und in welcher Weise die Heckenpflege zu erfolgen hat. Gerade bei den Pflegearbeiten gibt es immer wieder Meinungsverschiedenheiten. Auf der einen Seite soll die Hecke 2 m hoch werden, die andere Seite wünscht sich eine Hecke von nur 80 cm Höhe. Wer düngt die Heckenpflanzen? Wer lockert den Boden, wer beseitigt das Unkraut? Wer spritzt gegen die Schädlinge? – Besprechen Sie diese Dinge mit Ihren Nachbarn v o r der Pflanzung. Vielleicht legen Sie sogar eine Vereinbarung fest, denn Sie müssen ja damit rechnen, daß Ihr jetziger Nachbar vielleicht morgen sein Reihenhaus verkauft oder seinen Kleingarten abgibt, der neue Nachbar aber gar nicht gewillt ist, auf die Abmachungen seiner Vorgänger einzugehen.

Die Rasenfläche

Jeder Gartenbesitzer hat den Wunsch, einen festen, strapazierfähigen Rasen in seinem Garten zu haben. Man möchte sich ja schließlich mit der Liege auf den Rasen legen können – vielleicht zieht man auch eine gepolsterte Auflage vor, die den Rasen gewaltig drückt. Außerdem gibt es auch Situationen, wo die Gartenmöbel von der Terrasse geholt und auf den Rasen gestellt werden, damit man „mitten im Grünen" Kaffee trinken kann. Alle diese Belastungen fordern dem Rasen allerhand ab, und deshalb ist es richtig, daß ein Gartenbesitzer, ein Eigenheimer, ein Kleingärtner sich sehr genau und sehr exakt mit den Problemen der Rasenfläche beschäftigt, bevor er sie anlegt.

Grundsätzlich sollte jede Bodenfläche, die in einen Rasen umgewandelt werden soll, im voraus „bearbeitet" werden. Das ist am einfachsten, wenn die Bodenfläche aus einer alten Gartenerde besteht, denn da braucht nicht mehr viel am Boden verbessert zu werden. Es genügt dann vollauf, wenn über die Fläche eine 5–10 cm hohe feuchte Torfschicht ausgebreitet und gleichmäßig verteilt wird. Dann muß mit einer Grabgabel die oberste Bodenschicht umgegraben werden. Auf diese Weise kommt der feuchtigkeitshaltende Torf gut vermengt mit der obersten Schicht Gartenerde in den Entwicklungsbereich der Gräser, die die Rasenfläche bilden. Mehr Arbeit kostet schon die Bodenvorbereitung auf einem Gelände, das einmal der landwirtschaftlichen Produktion diente. In solchen Lagen ist die oberste Bodenschicht, die als Mutterboden bezeichnet wird, recht dünn und da ist es ganz gleich, ob es sich um einen leichten Sandboden oder um einen schweren Lehmboden handelt; ein solcher Boden muß verbessert werden: mit Mutterboden, mit Sand bzw. mit Lehm, Torf und Kunststoff-Flocken.

Ein idealer Rasenboden hat vor allen Dingen zwei Eigenschaften aufzuweisen: Er muß erstens im Unterbau, also in der Erdschicht, die unter den obersten 10 cm liegt, wasserdurchlässig sein, und zweitens braucht die oberste Erdschicht Humus. Hier werden Feuchtigkeit und Närhstoffe für die Gräser festgehalten.

Die Bodenvorbereitung kann zu jeder Jahreszeit vorgenommen werden, sofern es der Bodenzustand zuläßt. Mit anderen Worten: Handelt es sich um einen schweren Lehmboden, der mit Sand verbessert werden muß, so kann das sogar in den Wintermonaten geschehen, wenn der Boden gefroren ist. Der Sand, der 5–10 cm hoch über den Boden ausgebreitet wird, kommt durch das Umgraben im Frühjahr in die oberste Bodenschicht.

Humus und Torf verbessern den leichten Boden zu jeder Jahreszeit. Am besten werden sie mit einer Grabgabel in die oberste Bodenschicht eingegraben, solange der Boden diese Bearbeitung erlaubt. Natürlich sind Torf und Humus vor dem Umgraben 5–10 cm hoch ausgebreitet worden.

Dies sollten Sie sich auch noch merken: Die Bodenvorbereitung beginnt immer mit der Säuberung des Erdreichs. Was obenauf liegt, wie Steine und Unrat, wird aufgelesen, in einen Eimer geworfen und weggeschüttet. Wenn dann mit der Grabgabel umgegraben wird, kommen dabei Wurzelunkräuter wie Quecken und Winden zum Vorschein, die ausgelesen werden müssen – sogar die kleinsten Wurzelabrißlinge sollten beseitigt werden. Tut man das nicht, so können sich aus diesen kleinsten Wurzelteilchen wieder Wurzelunkrautpflanzen entwickeln, und das ist schlecht, denn sie wachsen sehr schnell, und dann beginnt das Übel von neuem.

Da bei einem schweren Boden das Regenwasser oder das Sprühwasser recht lange auf der Bodenoberfläche stehenbleibt und nur ganz langsam in den Untergrund sickert, besteht die Möglichkeit, daß in den vorhandenen Vertiefungen Pfützen entstehen, die später die Ursachen für Moosbildung und Moosflächen sind. Gewiß gibt es Anti-Moos-Mittel auf chemischer Basis, die das Moos vernichten, aber eine Dauerlösung ist das nicht. Wer die ständige Moosentwicklung im Rasen bekämpfen will, muß ihrer Ursache entgegentreten. In erster Linie geht es darum, den schweren Boden „durchlässig" zu machen mit Sand, Torf, feinem Kies oder Kunststoff-Flocken, die alle in die oberste Bodenschicht eingearbeitet werden. Dabei muß für die einzelnen Bodenverbesserungsmittel keine bestimmte Norm festgesetzt werden, die Beigabe richtet sich immer nach der Bodenbeschaffenheit.

Wenn man sich vorher um eine Bodenprobe gekümmert hat und sein Bodenprofil nun kennt, gibt es hier keine Probleme (siehe Kapitel „Eine Bodenuntersuchung ist notwendig").

Ein leichter Boden wird in den meisten Fällen aus einem Sandboden bestehen. Er ist sehr durchlässig und kann kaum die Feuchtigkeit im Boden halten. Da heißt es, mit Lehmboden, Torf, Humus und Hygromull die wasserhaltende Kraft des Bodens zu erhöhen.

Wenn Sie das Wort „Mutterboden" in diesem Zusammenhang vermissen, dann lassen Sie sich dadurch gar nicht beeindrucken, denn der Mutterboden ist leider kein „Qualitätsbegriff" mehr. Mit

Eine Rasenfläche, die am Terrassenhang beginnt und bis zum Ende des Grundstücks führt, kann auch noch mit ein paar Obst- oder Zierbäumen bepflanzt werden. Baumscheiben sind dann allerdings wichtig und sehr zu empfehlen.

ihm wird manchmal so manches Geschäft gemacht, das für den Gartenbesitzer negativ ist. Wenn Sie vor dem Anliefern des Mutterbodens keine Garantie bekommen können, daß er der obersten Erdschicht entstammt, die humushaltig und bakterienreich ist, dann sollten Sie besser auf einen solchen Boden verzichten. Verwenden Sie lieber Torf oder Torfhumusdünger und mischen Sie die vorhandene Gartenerde darunter – dann wissen Sie wirklich, was Sie haben.

Gartengrundstücke, die besonders tief liegen, weisen oft stauende Nässe auf. Da hilft nur eine Dränage, die in das Gelände eingebaut wird. Eine solche Dränage läßt das überschüssige Wasser abfließen in den Kanal oder in eine vorhandene oder zu bauende Sickergrube, die mit großen und kleinen Steinen gefüllt ist.

Es ist nicht schwierig, eine Dränage anzulegen. Im Grunde genommen ist es nur ein Röhrensystem in der Erde, das mit einfachem Füllmaterial wie Steinschlag, Schlacke oder Kunststoff-Flocken

Hier wird Raseneinsaat geübt. Auf 1 qm Fläche sollen 20–30 Gramm Grassamen gleichmäßig verteilt werden; dann hat man für die endgültige Rasenaussaat das richtige Maß.

ausgefüllt ist. So etwas ist leicht anzulegen und außerdem nicht teuer.

Tonröhren, die den gleichen Zweck erfüllen, sind dauerhafter, aber auch teurer.

Nun ein Wort zum Grassamen.

Wo kauft ihn der Gartenbesitzer? – In Gartenfachgeschäften, Garten-Centers, bei gärtnerischen Versandbetrieben, Saatgutzüchtereien, Gartenabteilungen der Kaufhäuser und in den ländlichen Bezirken bei den landwirtschaftlichen Bezugs- und Absatzgenossenschaften.

Nach Möglichkeit läßt man sich dort auch beraten, welcher Grassamen zweckmäßigerweise verwendet wird, damit eine dichte und strapazierfähige Rasenfläche entstehen kann.

Beim Einkauf des Grassamens sollten Sie gleich wissen, wie groß das Stück Land ist, das eingesät werden soll. Für die Auswahl der Grasart spielt auch die Lage des Grundstücks eine Rolle. Wird es den ganzen Tag über von der Sonne beschienen oder nur zu bestimmten Tageszeiten? – Auch über das allgemeine Klima an Ort und Stelle sollte man Bescheid wissen und Auskunft geben können. Auf diese Weise erleichtern Sie dem Berater seine Arbeit – er kann Ihnen dann sehr viel leichter die Gräser nennen, die sich für den künftigen Rasen eignen.

Fragen Sie auch nach der Reinheit und der Keimfähigkeit der einzelnen Gräserarten – auch, wenn man Ihnen im festen, verschlossenen Paket den Grassamen anbietet. Es gibt an die tausend Gräserarten – aber zur Raseneinsaat eignen sich nur etwa vier davon, die die Grundlage bilden. Das sind das Straußgras (Agrostis), der Schwingel (Festuca), die Rispe (Poa) und Deutsches Weidelgras (Lolium perenne). Straußgras, Schwingel und Rispe sind kurzwachsende Gräser, die nicht hoch werden. Nach der Aussaat richtet sich die Keimung und das Erscheinen der ersten Grashalme nach Boden und Lufttemperatur. Es kann vier Wochen dauern, ehe die ersten Grashalme erscheinen. Wesentlich schneller keimt das Deutsche Weidelgras, das 50 cm hoch wird, so daß oftmals schon die eingesäte Fläche nach fünf Tagen grün wird. Dieses Weidelgras aber bleibt nicht lange bestehen, es verschwindet mit der Zeit. Dadurch entstehen zunächst kaum wahrnehmbare Kahlstellen im Rasen, an denen aber bald die Unkräuter erscheinen. Wenn Sie eine Grassamenmischung kaufen, die Straußgras, Schwingel und Rispe enthält, wird sie zwar wesentlich teurer sein als eine „normale“ Grassamenmischung, aber auf die Dauer gesehen lohnt dieser Kauf.

Was die Aussaatmenge anbelangt, so legen Sie bei einer guten Mischung ungefähr 20 Gramm zugrunde. Das ist sehr reichlich bemessen, und zehn Gramm würden auch genügen, aber man sollte bedenken, daß zunächst bei der Aussaat gewisse Samenverluste eintreten, Keimlinge verfaulen oder vertrocknen, Vögel von den Grassamen fressen und der Wind den leichten, obenaufliegenden Samen wegweht. Auch der Regen spült die Samenkörner manchmal fort, besonders dort, wo es sich um ein Hanggelände handelt.

Wann kann man Rasen aussäen?

Fast das ganze Jahr über, solange sich der Boden in einem normalen Zustand befindet.

Der ideale Boden zur Raseneinsaat soll warm und feucht sein, gut vorbereitet, und wenn es möglich ist, auch gewalzt. Die Aussaat ist zunächst nicht ganz so einfach, denn nicht jeder wird sich gleich einen Streuwagen anschaffen, den man allerdings später auch noch für viele andere Arbeiten im Garten und Hof verwenden

kann. Wird die Aussaat mit der Hand vorgenommen, dann erfolgt sie so, daß man zwischen Daumen, Zeige- und Mittelfinger den Samen mit einem Schwung herausgleiten läßt. Um nicht Gefahr zu laufen, daß der Samen zu dick oder zu dünn ausgestreut wird, kann man eine kleine Probe machen, indem man 20 Gramm Grassamen abwiegt und ihn auf eine 1 qm große Fläche ausstreut. Auf diese Weise kann man erkennen, wie dünn der Grassamen auf die Gesamtfläche zu verteilen ist.
Anschließend wird er leicht eingeharkt oder eingerecht, wenn möglich, gewalzt oder mit Tretbrettern angetreten und mit einem Beregner mit ganz feiner Brause angefeuchtet.
Nun bleibt abzuwarten, daß eines schönen Tages die Fläche grün wird und die Pflege des Rasens beginnt.

Hecken

Eine Hecke ist im wesentlichen ein Sichtschutz des Gartenbesitzers vor neugierigen Blicken von draußen und nebenan. Eine Hecke kann aber auch ein Windschutz sein, und schließlich ist sie eine Umzäunung, eine Begrenzung des Grundstücks. Die kann man zwar auch mit einem richtigen Zaun erreichen, aber schöner wirkt doch eine Hecke aus Gehölzen und Immergrünen. Eine solche Umzäunung bietet dem Gartenbesitzer außerdem die Möglichkeit, sie als Kulissenpflanzung für Blumenbeete zu verwenden.
Nun gibt es verschiedene Möglichkeiten, eine Hecke anzulegen – aber eines vorweg: Grundsätzlich braucht eine Hecke viel Platz. Bedenken Sie, daß auch eine Hecke, deren Pflanzen „streng" geschnitten werden, einen 1–1.50 m breiten Streifen Land — an der Grundstücksgrenze entlang — beansprucht; und dabei muß noch der gesetzlich vorgeschriebene Pflanzabstand von der Grundstücksgrenze mitberücksichtigt werden. Er wird meistens bei niedrigen Gartenhecken einen halben Meter betragen. Da auch hier die Bestimmungen in den Bundesländern nicht einheitlich sind, dürfte es ratsam sein, sich vor der Heckenpflanzung zu erkundigen, wie weit von der Grenze gepflanzt werden muß. Besonders wichtig ist der Grenzabstand bei Gehölzen, die in die Höhe und in die Breite wachsen und nicht „streng" geschnitten werden, sondern sich natürlich entwickeln.
Was heißt übrigens, eine Hecke „streng" schneiden? Mit Hilfe einer Heckenschere werden im Laufe des Jahres die Heckenpflanzen zweimal so zurückgeschnitten, daß gewissermaßen eine grüne Wand entsteht von einer bestimmten Breite und Höhe. Am problemlosesten ist es, wenn sich die Nachbarn einig sind und gemeinsam eine Hecke errichten – mitten auf der Grenze. Wird ein Zaun errichtet, der beiderseits mit Pflanzen kaschiert wird, dann hat der Gartenbesitzer etwas sehr Nützliches und Schönes geschaffen. Allerdings braucht man dafür mehr Platz als nur für einen Zaun, denn die Heckenpflanzen werden einen halben Meter vor den Zaun und einen halben Meter hinter den Zaun gesetzt.
Eine solche Lösung ist besonders vorteilhaft, wenn der Zaun zwei Nachbargrundstücke trennt und die beiden Heckenpflanzenreihen von jedem Partner angepflanzt und gepflegt werden. In der folgenden Aufstellung sind Sträucher für eine Hecke aufgeführt, die „streng" geschnitten werden können. Es handelt sich im wesentlichen um Blütensträucher, die kaum höher als 1.50 m bis 2 m werden. Es ist klar, daß diese Sträucher auch freiwachsend als Hecke geschnitten werden können – in diesem Falle blühen die Pflanzen voller, was sie bei einem „strengen" Schnitt nicht tun können, da ja die Blütentriebe stark eingekürzt werden.

Hainbuchen sind gute Heckenpflanzen, denn sie gedeihen in jedem Boden, sind unempfindlich und unverwüstlich.

Botanischer Name	Deutscher Name	Blütenfarbe	*Blütezeit* Früchte
Berberis	Berberitze	gelb	*Mai–Juni* Aug.–Sept.
Deutzia	Maiblumenstrauch	weiß rosa	Mai–Juni
Chaenomeles	Scheinquitte	rosa rot	*April–Mai* Sept.–Dez.
Forsythia	Goldglöckchen	gelb	April
Hippophae	Sanddorn	unscheinbar	*März–April* Sept.–Dez.
Kerria	Ranunkelstrauch	goldgelb	Juni–Juli
Ligustrum	Rainweide	weiß gelblich	*Juni–Juli* Okt.–Dez.
Malus	Zierapfel	rosa purpur	*Mai–Juni* Aug.–Okt.
Potentilla	Fingerstrauch	goldgelb	Mai–Okt.
Prunus	Zierpflaume	rosa	April
Prunus	Lorbeerkirsche	weiß	Mai
Pyracantha	Feuerdorn	weiß	*Mai* Sept.–Dez.
Ribes	Zierjohannisbeere	gelb rot	April–Mai
Robinia	Scheinakazie	rosa	Mai–Juni
Rosa	Strauchrose, Heckenrose	weiß gelb rot	*Mai–Aug.* nach Blüte bis Frost
Ulex	Stechginster	goldgelb	April–Juni

Es gibt außer diesen *Blütensträucherheckenpflanzen* auch noch *Laubheckenpflanzen*, die „streng" geschnitten werden können. Dazu gehören Hainbuche (Carpinus betulus), Rotbuche (Fagus sylvatica), Ahorn (Acer), Weiß- oder Rotdorn (Crataegus), Mahonie (Mahonia), Buchsbaum (Buxus).

Nadelgehölzhecken können ebenfalls streng in Form geschnitten werden. Lebensbaum (Thuja), Scheinzypresse (Chamaecyparis), Fichte (Picea), Wacholder (Juniperus), Eibe (Taxus), Hemlockstanne (Tsuga).

Obsthecken kann man auch anpflanzen – sie bieten aber weder einen guten Sichtschutz, noch lassen sie sich auf die Grenze pflanzen. Außerdem muß man berücksichtigen, daß sich für den kleinen Garten nur Johannisbeeren, Stachelbeeren, Himbeeren, Brombeeren und Wein eignen. Himbeeren, Brombeeren und Wein brauchen ein Gerüst, an dem die Pflanzen formiert und angebunden werden.

So werden Hecken gepflanzt!

Nachdem am Zaun entlang der Grenzabstand genau mit dem Metermaß festgelegt worden ist, wird dort eine Schnur gezogen.

Heckenpflanzen stehen viele Jahre an einem Platz – immer in der gleichen Erde – und deshalb muß der Boden so vorbereitet werden, daß er diesen Pflanzen jahrzehntelang ein gutes Wachstum bieten kann. Dazu gehört, daß er ungefähr 60 cm tief ausgegraben wird. Die Erde wird mit dem Spaten neben den Graben geworfen und dort mit Torf und Sand bzw. Lehm verbessert. Es kommt hier eben ganz auf die Zusammensetzung des Bodens an. Einen Sandboden wird man mit Lehm und Torf anreichern – einen schweren Boden mit Sand und Torf. Mit dieser „neuen" Mischung wird der ausgehobene Graben wieder gefüllt. Sicherlich wird die Erde des Pflanzgrabens dann über das Bodenniveau hinausragen, aber mit der Zeit setzt sich der Boden wieder.

Gepflanzt wird dann in diesen Graben, sobald die Pflanzen zur Verfügung stehen. Der Abstand von Pflanze zu Pflanze in der Reihe hat sich nach der Größe der einzelnen Pflanze zu richten. Im Schnitt gesehen, wird man drei Pflanzen auf einen Meter setzen – mit der Ausnahme, wenn sehr junge Pflanzen verwendet werden. In einem solchen Fall nimmt man 5–6 junge Pflänzchen auf einen Meter in der Reihe oder in der Doppelreihe.

Handelt es sich bei der Pflanzung um größere Pflanzen, so wird mit dem Spaten ein Loch ausgehoben, die Pflanze mit ihrem Wurzelballen hineingestellt, und zwar nicht zu tief und auch nicht zu hoch, so daß der Pflanzballen ausgiebig mit Erde bedeckt ist. Damit die Pflanze so fest im Boden sitzt, daß ihre Wurzeln gleich wieder Verbindung mit dem Erdreich bekommen, wird sie beim Zuwerfen des Erdlochs mit Erde „angetreten". Es genügt vollauf, wenn man 2–3 mal die Erde, die den Wurzelballen umgibt, „antritt", und zwar nicht mit der Wucht eines Elefanten, denn auch die Heckenpflanzen entwickeln sich in einem lockeren Boden besser, als wenn man sie mit Gewalt in ihrer Pflanzgrube „einzementiert". Die Pflanzstelle wird anschließend 10 cm hoch mit lockerem, feuchtem Torf bedeckt; dann werden die Pflanzen angegossen. Lassen Sie dabei das Wasser langsam aus dem Schlauch auf die Pflanzstellen laufen. Auf diese Weise feuchten Sie nicht nur das Erdreich an, sondern Sie sorgen auch dafür, daß die Erd- und Torfteilchen an die feinen Würzelchen gespült werden. Das ist wichtig, denn

sie müssen von der Erde umgeben sein, damit sie sich darin ausbreiten und ernähren können. Der miteingespülte Torf begünstigt das Wachstum der feinen Haarwürzelchen, und damit hat man alles getan, daß die Pflanzen anwachsen und es keine Ausfälle gibt.
Die Abdeckung aller Pflanzstellen mit Torf hat den Zweck, daß der Boden seine in ihm vorhandene Feuchtigkeit behält und das Unkraut kaum zum Vorschein kommt, denn die meisten Unkräuter brauchen zu ihrer Entwicklung Licht – deshalb nennt man diese Unkräuter auch „Lichtkeimer".
Torf und Torfmischdünger zum Abdecken einer Hecke zu verwenden, ist äußerst nützlich – das kann gar nicht oft genug betont werden.

Sträucher

Was sind Sträucher?
Sträucher sind Ziergewächse für den Garten, die unterschiedliche Wuchshöhen von 50 cm bis 5 und 6 und auch 7 m erreichen. Die Wuchshöhe richtet sich nach Art und Sorte. In einem schlechten humusarmen Boden vollzieht sich das Wachstum langsamer als in einem guten humusreichen Boden. Sträucher sind für den Garten nicht nur ein Schmuck zur Blütezeit, sondern auch in der übrigen Jahreszeit – da sind es die Blätter, die schmücken, und im Herbst haben viele Sträucher schöne Beeren, die von der Vogelwelt bis in den Winter hinein gern als „Weichfutter" aufgenommen werden.
Die meisten Sträucher werfen in den Spätherbst- und Winterwochen ihre Blätter ab. Es gibt aber auch Sträucher, die ihr Blattwerk den Winter über behalten, und deshalb sind sie gerade in jener Jahreszeit ein willkommener Schmuck.

Was gibt es alles für Sträucher?

Am zahlreichsten sind die *Blütensträucher* im großen Sortiment vertreten. Dann folgen die ausgesprochenen *Blattpflanzen,* die man als „Immergrüne" bezeichnet.
Zur großen Pflanzenfamilie der Sträucher gehören aber außerdem auch die *Rosen,* die *Heckenpflanzen,* die *Kletterpflanzen* und die flachwachsenden, kriechenden *Bodenbedecker.* Alle zusammen stellen die größte Gruppe der Zierpflanzen dar, die in den Baumschulen kultiviert wird.

Der Feuerdorn (Pyracantha) zeigt im Sommer weiße Blütenbüschel und im Herbst zahlreiche gelbrote Beeren, die ein Leckerbissen für manche Vögel sind. Er kann auch als Heckenpflanze verwendet werden.

Wenn Ihnen in den nächsten Kapiteln nur Pflanzenlisten aufgezeigt werden, so geschieht das, um Ihnen die Pflanzenwahl anhand eines Verkaufskataloges zu erleichtern. Die Aufstellungen sind für den Gartenbesitzer eine echte Hilfe – ein Fachmann wird sicherlich die „Sorten" vermissen. Das ist nicht schlimm, denn ein Hobby-Gärtner beschäftigt sich zunächst einmal mit der einzelnen Pflanzenart, und da in den Katalogen guter Baumschulgärtnereien auch manche Sorten der verschiedenen Arten angeboten werden, sollten auch die Anspruchsvolleren die Möglichkeit haben, etwas Besonderes auszuwählen.
Nun zu den Sträuchergruppen:
1. Sträucher, die im Laufe ihrer Entwicklung die 3 m-Grenze überwachsen,
2. Sträucher, die höchstens 2 m hoch werden,
3. Sträucher, die klettern und ranken,
4. Sträucher, die den Boden bedecken und auch als Rosenersatz verwendet werden können.

Sträucher, die im Laufe ihrer Entwicklung die 3 m-Grenze überwachsen:

Botanischer Name	Deutscher Name	Blütenfarbe	*Blütezeit* Früchte
Amelanchier	Felsenbirne	weiß	April–Mai
Aralia	Teufels- spazierstock	weiß	August
Aesculus parviflora	Buschkastanie	weiß	Juli–Aug.
Caragana	Erbsenstrauch	gelb	*Mai* Aug.–Okt.
Cercis	Judasbaum	rosa	April–Mai
Chimonan- thus	Winterblüte	gelb	Dez.–Mai
Colutea	Blasenstrauch	gelb	Mai–Juli
Cornus	Hartriegel	viele Farben	*April–Mai* August
Corylopsis spicata	Scheinhasel	hellgelb	April
Cotoneaster bullatus	Mispel	rosa	*Mai–Juni* Sept.–Dez.
Decaisnea	Blauschote	grüngelb	Mai–Juli
Exochorda	Perlstrauch	weiß	April–Mai
Hamamelis	Zaubernuß	gelb	Jan.–März
Hibiscus	Eibisch	viele Farben	Aug.–Sept.
Hippophae	Sanddorn	unscheinbar	Sept.–Dez.
Holodiscus	Scheinspiere	gelb, weiß	Juli–Aug.
Koelreuteria	Blasenbaum	gelb	*Juli–Aug.* Sept.–Dez.
Kolkwitzia	Kolkwitzie	rosa	Mai–Juni
Laburnum	Goldregen	goldgelb	Mai–Juni
Magnolia	Magnolie	weiß, rosa	April–Mai
Malus	Zierapfel	weiß, rosa rot	*Mai–Juni* Aug.–Sept.
Prunus	Zierpflaume	weiß, rosa	April–Mai
Pterostyrax	Flügelstorax	weiß	April
Rhus	Essigbaum	gelb grün	*Juni–Juli* Aug.–März
Robinia	Robinie	rosa	Mai–Juni
Salix	Weide	gelblich	März–April
Sorbus	Eberesche	weiß	*Mai* Aug.–Okt.

Botanischer Name	Deutscher Name	Blütenfarbe	*Blütezeit* Früchte
Syringa	Flieder	weiß violett blau, purpur	April–Juni
Tamarix	Tamariske	rosa	April–Mai
Viburnum opulus „Sterile“	Schneeball	weiß	Mai

Sträucher, die höchstens 2 m hoch werden:

Botanischer Name	Deutscher Name	Blütenfarbe	*Blütezeit* Früchte
Berberis	Berberitze	gelb	*Mai–Juni* Aug.–Sept.
Buddleja	Schmetterlings- strauch	lavendel, purpur, weiß	Juli–Okt.
Callicarpa	Schönfrucht	lila	Juli–Aug.
Calycanthus	Gewürzstrauch	rotbraun	Juni–Juli
Caryopteris	Bartblume	blau	Sept.–Okt.
Ceanothus	Säckelblume	hellblau	Juli–Sept.
Chaenomeles	Scheinquitte	rot	April–Mai
Chionanthus	Schneeflocken- baum	weiß	Mai–Juni
Corylopsis pauciflora	Scheinhasel	zartgelb	März–April
Cotinus	Perückenstrauch	gelb	Juni–Juli
Cotoneaster	Zwergmispel	weiß, rosa	*Mai–Juni* Sept.–Dez.
Cytisus	Geißklee	hellgelb, purpur, goldgelb	April–Mai
Daphne	Seidelbast	lila	*Febr.–April* Juni–Herbst
Deutzia	Maiblumen- strauch	weiß	Mai–Juli
Elsholtzia	Blauähre	rosa	Sept.–Okt.
Forsythia	Goldglöckchen	gelb	April–Mai
Genista	Ginster	goldgelb	Juni–Aug.
Hydrangea	Hortensie	hellviolett, rosa, weiß	Juli–Sept.
Hypericum	Johanniskraut	gelb	Aug.–Okt.

Botanischer Name	Deutscher Name	Blütenfarbe	*Blütezeit* Früchte
Kalmia	Lorbeerrose	rosa	Mai–Juni
Kerria	Ranunkelstrauch	gelb	Juni–Juli
Lespedeza	Buschklee	rosa	Aug.–Okt.
Mahonia	Mahonie	gelb	*April–Mai* Juli–Herbst
Pernettya	Torfmyrte	rosa	*Mai–Juni* Sept.–Dez.
Perorskia	Blauraute	violettblau	Aug.–Sept.
Potentilla	Fingerstrauch	goldgelb	Mai–Okt.
Prunus laurocerasus	Lorbeerkirsche	weiß	Mai
Pyracantha	Feuerdorn	weiß	*Mai–Juni* Aug.–Dez.
Rhododendron	Alpenrose	viele Farben	Mai–Juni
Ribes	Zierjohannisbeere	rot	April–Mai
Rubus odoratus	Dufthimbeere	rot	Juni–Aug.
Sorbaria	Fiederspiere	gelblich-weiß	Juni–Aug.
Spartium	Binsenginster	gelb	Mai–Juni
Spiraea	Spierstrauch	weiß	April–Juni
Symphoricarpus	Schneebeere	weiß, rosa	*Juni–Juli* Aug.–Dez.
Veronica	Strauchveronica	weiß	Juli–Aug.
Viburnum carlesii	Duftschneeball	weiß, rosa	April–Mai
Weigela	Weigelie	rosa, rot	Juni–Juli

Sträucher, die klettern und ranken (3 – 10 m hoch)

Botanischer Name	Deutscher Name	Blütenfarbe	*Blütezeit* Früchte
Akebia	Akebie	purpur	*Mai–Juni* Aug.–Okt.
Aristolochia	Pfeifenwinde	gelb, grün, purpur	Juni
Campsis	Trompetenwinde	orange, rot	Juli–Sept.
Celastrus	Baumwürger	blaßgrün	*Juni* Okt.–Dez.
Clematis	Waldrebe	alle Farben	Juni–Sept.
Hedera	Efeu	weiß	*Sept.–Okt.* Winter
Lonicera	Geißblatt	weiß, gelb rot	Mai–Juni
Polygonum	Knöterich	weiß	Juli–Okt.
Rosea	Kletterrose	alle Farben	Juni–Sept.
Wisteria	Glyzine	hellviolett	Mai–Juni

Eine Wisteria (Glycine) zeichnet sich nicht nur durch ihre zartlila Blütentrauben aus, sondern ganz besonders durch ihren wundervollen Duft. Am schönsten wirkt sie an einer Pergola oder am Balkongerüst, wo sie ihre Blütenpracht locker entfalten kann.

Sträucher, die den Boden bedecken und auch als Rasenersatz verwendet werden können

Botanischer Name	Deutscher Name	Blütenfarbe	*Blütezeit* Früchte
Andromeda polifolia	Rosmarienheide	rosa	April–Juni
Berberis buxifolia 'Nana'	Zwerg-berberitze	gelb	*Mai–Juni* Aug.–Sept.
Calluna	Besenheide	lila	Juli–Aug.
Chaenomeles speziosa 'Simonii'	Scheinquitte	rot	April–Mai
Cotoneaster	Zwergmispel	weiß, rosa	*Mai–Juni* Aug.–Okt.
Cotoneaster adpressus			
Cotoneaster dammeri radicans			
Cotoneaster dammeri 'Skogholm'			
Cotoneaster horizontalis			
Cotoneaster hybridus	„Herbstfeuer“		
Cotoneaster microphyllus melanotrichus			
Cotoneaster praecox			
Cotoneaster salicifolius	„Parkteppich“		
Cotoneaster salicifolius	„Streibs Findling“		
Cytisus decumbens	Ginster	gelb	Mai–Juni
Daphne cneorum	Seidelbast	rosa	April–Mai
Erica carnea	Schneeheide	rot, rosa weiß	Dez.–März
Euonymus	Pfaffenhütchen	grünlich gelb	Mai–Juni
Euonymus fortunei 'Coloratus'			
Euonymus fortunei 'Gracilis'			
Euonymus fortunei 'Minimus'			
Euonymus fortunei radicans			
Gaultheria	Scheinbeere	hellrosa	Juli–Aug.
Hedera helix 'Conglo-merata'	Efeu	weiß	Sept.–Okt.
Hypericum calycinum	Johanniskraut	goldgelb	Juni–Sept.
Potentilla fruticosa 'Arbuscula'	Fingerstrauch	gelb	Mai–Okt.
Sarococca humilis	Schleimbeere	grau, weiß	Febr.–März
Skimmia reevesiana 'Rubella'	Skimmie	weiß	Mai
Teucrium chamaedris	Gamander	rot	Juli–Okt.
Vinca minor	Immergrün	hellblau violett	Mai–Sept.

Auch Rosen und Rhododendron bzw. Azaleen sind in der Aufstellung verzeichnet. Gerade zu den Rosen gibt es einiges zu sagen, das den Garten-Anfänger vor Enttäuschungen bewahren kann. W o man Rosenpflanzen kaufen kann, ist zur Genüge auch bei allen anderen Pflanzen gesagt worden. Aber bei den Rosen sollte man wissen, daß die Pflanzen in verschiedene Qualitätsstufen eingeteilt werden. Beim Rosenpflanzenkauf soll nicht der Preis entscheidend sein, sondern die Qualität der Pflanze.

Bei den Rosen gibt es Preisgruppen von 1–10. Zunächst werden die alten, bekannten Rosensorten erfaßt – das geht von 1–5, – und dann kommen die neueren Züchtungen und die Neuzüchtungen, die unter den Nummern 6–10 geführt werden.
Diese einzelnen Preisgruppen sind dann noch in Güteklassen unterteilt über A, B und C. Die Güteklasse A ist natürlich die Beste, denn sie bietet reichbewurzelte Pflanzen mit vielen Trieben, die eine Garantie dafür sind, daß die Pflanzen gut anwachsen und schon im ersten Jahr eine reiche Blüte erwarten lassen. Güteklasse B hat weniger Triebe, und man muß eventuell damit rechnen, daß es etwas länger dauert, bis sich eine Pflanze entwickelt und den erwarteten Blütenflor zeigt. Güteklasse C ist mit gutem Gewissen eigentlich gar nicht zu empfehlen. Die Pflanzen haben nur 1–2 Triebe und sind nicht so gut bewurzelt, als daß die Garantie gegeben wäre, daß sie überhaupt anwachsen. Wenn der eine Trieb über der Veredlungsstelle es nicht schafft auszutreiben, dann gibt es eine Wildrose, die man ja nun wirklich nicht gekauft hat und haben wollte.
Dazu muß man als Neuling aber wissen, daß es eine Menge ganz verschiedener Arten von Rosen gibt, die alle ihre ihnen eigenen Wuchsformen und Blütenformen haben.
Es gibt die „Riesenblumige Floribunda", die „Polyantha" und „Polyantha-Hybriden", Teehybriden, Zwergrosen, Hochstammrosen, Park- und Wildrosen und Strauchrosen. Wenn die Bezeichnung „remontierend" auftritt, so bedeutet es, daß diese Rosen nicht nur einmal blühen, sondern sich in der Blüte wiederholen. Sicher wird der Gartenbesitzer remontierende Kletterrosen z. B. den nur einmal blühenden vorziehen.
Das alles kann man aus dem Katalog einer anerkannten Baumschule oder aber sogar „Rosenschule" erfahren. Aber – was können Sie mit dem Zeichen ADR anfangen, wenn es an dem Etikett einer gekauften Rosenpflanze hängt? –
Es ist eine Wertauszeichnung für Rosenneuheiten und bedeutet „All-Deutsche-Rosenprüfung". Schon seit vielen Jahren sind in den verschiedenen Gegenden Deutschlands Rosenprüfungsgärten eingerichtet worden, in denen Rosenneuheiten aufgepflanzt und nach einiger Zeit beurteilt werden. Die Bewertung wird nach einem Punktsystem durchgeführt, und wenn eine Rose in sämtlichen Prüfungsgärten über 80 Punkte erreicht hat, darf sie als ADR-Rose gekennzeichnet und geführt werden.
Auf diese Weise hat der Laie die Gewähr, daß auch in seinem Klima die gewünschte Rose die erwartete Leistung bringt.

Im Frühjahr werden die im Herbst angehäufelten Rosen abgehäufelt, das Erdreich wird glattgezogen, und dann erfolgt der Rückschnitt auf 2–3 Augen.

Rhododendren und Azaleen sind ebenfalls eine große Gruppe, die zur Familie der Sträucher gehört. Bei diesen Pflanzen spielt aber der ganz besonders „saure Boden" eine Rolle, ohne den sie nicht gedeihen können. Diese „Moorbeetpflanzen" brauchen dazu neben der Bodenfeuchtigkeit eine beachtliche Portion Luftfeuchtigkeit, und wenn sie lagemäßig nicht vorhanden ist, dann muß Wasser in der Umgebung vernebelt werden.
Das große Problem bei der Anlage eines Rhododendron- und Azaleenbeetes ist die Bodenvorbereitung.
Befindet sich ein Garten draußen auf dem Land und es besteht die Möglichkeit, über ein Forstamt Walderde zur Anlage eines solchen Beetes zu bekommen, dann ist das ein beachtlicher Vorteil. Gartenbesitzer in der Stadt sind auf den Torf angewiesen.
Zunächst geht es bei der Herrichtung des Beetes um den Boden. Er wird bis zu 75 cm tief ausgegraben und weggebracht. Ob es sich da um einen schweren Lehmboden handelt oder um einen

Eine sehr zu empfehlende Kletterrose ist die „Cocktail" mit einfachen, aber zweifarbigen Blüten – außen rot, innen gelb.

leichten Sandboden, das spielt keine Rolle. Wichtig ist es, daß der vorhandene Boden tief ausgegraben wird, damit anschließend Waldboden oder Torf eingefüllt werden kann. Man muß den Boden um so tiefer ausgraben, je schwerer, kälter und kalkhaltiger er ist. In solchem Falle empfiehlt es sich sogar, eine Kunststoff-Folie an der Pflanzbeckenwand zu befestigen, damit die Wurzeln der Pflanzen nicht in das für sie ungeeignete Erdreich eindringen.
Azaleen und Rhododendron pflanzt man im August/September und im März/April, aber auch während der Blütezeit. Das ist durchaus vertretbar, denn in der Baumschule, im Garten-Center oder im Spezialbetrieb stehen diese Pflanzen immer mit einem großen Pflanzballen im Torfbeet, so daß sie sich auch im blühenden Zustand ohne Wachstumsstockungen verpflanzen lassen.
Über eines sollte sich der Gartenbesitzer allerdings klar sein: Ein blühender Rhododendronstrauch, und auch ein blühender Azaleenstrauch haben ihren Preis – sie sind nicht billig. Deshalb ist es empfehlenswert, vor der Pflanzung die Fläche genau festzulegen, desgleichen die Anzahl der Sträucher. Selbstverständlich richtet sich der Pflanzabstand nach der Größe der Ballenpflanze; er sollte mindestens 1 m betragen. Wenn sich jedoch herausstellt, daß sich im Laufe der Zeit die einzelnen Pflanzen gegenseitig zu sehr bedrängen, dann kann immer noch „der Bestand gelichtet" werden.

Wohin pflanzt man Sträucher?

Es gibt viele Möglichkeiten, seinen Garten mit Sträuchern zu schmücken. Zunächst kann man mit ihnen das Grundstück umgrenzen, und schließlich läßt sich die gesamte Gartenfläche durch Sträucher unterteilen. Es müssen allerdings Pflanzen sein, die höchstens 60–80 cm hoch werden. Sträucher kann man auch mitten in die Rasenfläche pflanzen, und ganz niedrig Wachsende passen auf eine Blumenrabatte und in den Steingarten. Zur Begrünung von ebenen und steilen Bodenflächen eignen sich ebenfalls Sträucher, – und selbst an die Pergola lassen sie sich pflanzen. Sie sehen, wie vielfältig gerade diese Pflanzen im Garten zu verwenden sind!
Nun zu ein paar exakten Bepflanzungsvorschlägen, um Ihnen die Gestaltung Ihres Gartens erleichtern.
Die Umgrenzung des Gartengrundstücks mit Sträuchern wird in der Regel der Anlage einer Hecke entsprechen. Es wurde ja zuvor schon vieles erwähnt, was die Auswahl der Pflanzen und die Vorbereitung des Bodens betrifft. Aber noch ein Wort zur Anlage der Heckenpflanzenrabatte. Eine Rundumhecke entlang der Grenze oder des Zaunes braucht nicht immer gradlinig zu verlaufen, so daß sich Pflanze an Pflanze reiht. Eine Umgrenzungspflanzung kann auch abschnittsweise erfolgen, wobei kleinkronige Bäume, einzeln oder zu mehreren gepflanzt, einen gewissen Mittelpunkt bilden. Gradlinige Umzäunungspflanzungen sind zwar einfach in der Anlage und meist zweckmäßig in der Pflege – aber nicht besonders schön, wenn es sich nur um Pflanzen handelt, die aus der untersten Preisgruppe eines Baumschulkataloges stammen. Seien Sie mutig und versuchen Sie, bei dieser Gestaltung modern zu sein und wagen Sie etwas, was die Pflanzenauswahl anbelangt. Bevorzugen Sie Pflanzen, die in den Baumschulen zu den Selteneren gehören und die nicht jeder hat. Pflanzen Sie Nadelgehölze in bestimmter Zusammenstellung zwischen die Blütensträucher, und zwar als unregelmäßige, kleine Gruppen. Im Laufe der Zeit werden sicherlich so manche Nadelbäume wie Fichten, Kiefern, Hemlockstanne

und Lärchen größer werden und höher wachsen als die verschiedenen Blütensträucher – aber das ist ja gerade das Reizvolle!
Damit wird nach vielleicht zehn Jahren eine solche Rundumpflanzung zu einer hübschen Begrenzung des Grundstücks, die gleichzeitig Kulisse für den Garten und seine Blumenbeete ist. Selbstverständlich kommen solche Pflanzenkombinationen nur für mittlere und große Gärten in Betracht. Wo es sich um kleinere und kleine Gärten handelt, kann man auch Nadelgehölze verwenden nur nicht die normalen Wuchsformen, sondern die „Langsam wachsenden Wuchsformen", die im Laufe von zehn bis fünfzehn Jahren höchstens 2–2,50 m hoch werden. In jedem Falle gibt auch das eine ideale Pflanzenkombination.
Wenn es um eine Unterteilung innerhalb des Gartens geht, lassen sich ganz besonders Sträucher sehr gut verwenden. Das dürfen dann aber keine hohen Sträucher sein, sondern nur niedere, die höchstens 1 m hoch werden. Man kann sie zur Trennung vom Ziergarten zum Nutzgarten verwenden, zur Umrandung des Kompostplatzes, zur Umkleidung der Mülltonnen und auch zur Begrenzung eines Vorgartens zur Straße hin.

Man kann auch Sträucher mitten in den Rasen pflanzen!

Dazu nimmt man allerdings nur besonders dekorative Blütensträucher wie zum Beispiel:
Sternmagnolie (Magnolia stellata)
Essigbaum (Rhus typhina)
Schmetterlingsstrauch (Buddleja)
Zaubernuß (Hamamelis)
Kolkwitzie (Kolkwitzia)
Felsenbirne (Amelanchier)
Schneeballhortensie (Hydrangea arborescens)
Rosengruppe, die bestehen kann aus Polyantharosen, Strauchrosen oder Parkrosen
Azaleengruppe, die bestehen kann aus Japanischen immergrünen Azaleen
mit einem schattenspendenden Baum wie z. B.
Scharlacheiche (Quercus coccinea)
Scheinakazie (Robinia)
Eberesche (Sorbus intermedia).

Achten Sie allerdings bei den genannten Pflanzen auf ihre Bodenwünsche. Nicht alle Pflanzen entwickeln sich gut in einem normalen Gartenboden – manche brauchen unbedingt einen sauren Boden, die anderen ziehen einen Lehmboden vor. Auf jeden Fall sollte sich ein Gartenbesitzer mit diesen Dingen so vertraut manchen, daß er keine Fehlpflanzungen vornimmt. Es ist ja kein Problem, einen Boden an Ort und Stelle so zu verändern, daß er den Pflanzen zusagt, die in ihm wachsen sollen.

Sträucher, die ausschließlich an das Klettergerüst gehören

Aus der Gesamtaufstellung der Blütenpflanzen konnten Sie ersehen, daß es eine ganze Menge Pflanzen gibt, die klettern und ranken. Manche sind bekannt, aber sicherlich sind viele dieser rankenden Sträucher noch „Unbekannte". Lernen Sie sie kennen, indem Sie sie verwenden und zwar dort, wo sie die größte Wirkung zeigen.
Kletternde Sträucher haben nicht nur Vorteile – sondern auch Nachteile. Sofern das Klettergerüst direkt am Haus angebracht ist, müssen Sie damit rechnen, daß sich Ungeziefer unter dem Laubdach der Kletterpflanzen ansammelt. Dazu kommen die Vögel, die die Insekten suchen und auffressen. Da geht's oftmals ganz schön lebhaft zu. Wenn es sich um eine Pergola handelt, die etwas abseits vom Haus errichtet worden ist, dann ist der Lärm durch die Vögel nicht so intensiv.
Eine Pergola muß zunächst einmal in einer fortschrittlichen Weise errichtet werden. Das heißt, alle senkrechten Holzstützen sind 2-3 cm über dem Boden auf Metallträgern hohl zu stellen, und „alle Jahre wieder" sollte das bereits präparierte Holz erneut gestrichen werden, was bedeutet, daß die Kettersträucher vom Klettergerüst losgelöst werden müssen, das dann mit einem Imprägnierungsmittel intensiv gepinselt wird.
Es gibt aber auch Zwischenzäune, die zwei Grundstücke voneinander trennen. Auch diese Zäune können mit blühenden Kletterpflanzen berankt werden. Achten Sie aber darauf, daß diese Kletterpflanzen nicht zu breit wachsen und daß sie durch einen regelmäßigen Schnitt im Zaum gehalten werden. Es ist auch sehr nützlich, wenn nach dem Austrieb ein Schädlingsbekämpfungsmittel versprüht wird; zwei- bis dreimal und so intensiv, daß im Laufe der Vegetationsperiode kaum noch Blattläuse oder andere Schädlinge auftreten können.

Waldreben (Clematis) gehören mit zu den beliebtesten Kletterpflanzen. Sie eignen sich vorzüglich, eine Pergola, ein Gerüst oder den Zaun zu beranken. Besonders dekorativ sind die großblumigen, blaublühenden Hybriden.

Sträucher, die auf eine Blumenrabatte gehören

Natürlicherweise müssen das niedere Sträucher sein, höchstens 50 cm hoch, die die Aufgabe haben, eine gewisse Eintönigkeit der Rabatte aufzulockern. Da spielt es nun keine Rolle, ob es sich um Rosen, Japanische Quitten, um den Fingerstrauch oder andere niedere und halbhohe Blütensträucher handelt.

Sträucher zur Begrünung von ebenen und steilen Bodenflächen und für den Steingarten

Im Garten gibt es Flächen, die manchmal zu klein sind, um sie als Rasenflächen einzusäen und zu pflegen. Zuweilen bestehen solche Flächen aber auch nur aus Böschungen, und auch da ist eine Raseneinsaat unangebracht, weil das Mähen zu schwierig wäre. Außerdem haben Böschungen vielfach einen Halt nötig, den ihnen nur solche Pflanzen geben können, die über ein kräftiges Wurzelwerk verfügen. Weiterhin gibt es Schattengärten, in denen sich ein dichter Rasenteppich nur mangelhaft entwickeln würde, so daß es in solchen Fällen angebracht erscheint, statt Rasen eine immergrüne Fläche mit niederen Sträuchern zu bepflanzen. Der Fachmann nennt die Pflanzen „Bodendecker". Es gibt eine ganze Menge davon – als Rasenersatz kommen allerdings nur „immergrüne" Bodendecker in Betracht, die zum Teil auch zur Bepflanzung des Steingartens verwendet werden können. Die führende Stelle nimmt die Felsenmispel (Cotoneaster) mit ihren niederen Formen ein. Weiter gehört dazu das Pfaffenhütchen (Euonymus), aus dessen Familie es viele Formen gibt, die sich für den Zweck sehr gut eignen. Die Blüten dieser beiden Bodendecker sind nicht sehr hervortretend – der herbstliche Beerenschmuck ist es um so mehr. Achten Sie beim Kauf darauf, daß Sie die richtige Art bekommen.

Ein guter Bodendecker, der nicht nur immergrün ist, sondern auch noch in den Spätsommerwochen mit großen, hübschen einfachen, gelben Blüten eine Fläche „zuzieht", ist das Johanniskraut (Hypericum). Davon gibt es ein ganz flachwachsendes – ein anderes wird ungefähr 40 cm hoch.

Das gute alte Immergrün (Vinca minor) – seit Jahrzehnten schon als Bodendecker auf dem Friedhof verwendet – ist durchaus keine typische Friedhofspflanze, sondern läßt sich ebensogut in schattigen und halbschattigen Lagen im Garten verwenden. An solche Stellen kann man auch Efeu (Hedera) und Pachysandra (Pachysandra) pflanzen.

Perfekte Bodendecker-Sträucher sind die verschiedenen Heidekrautarten. Das ist einmal die im Winter und Frühjahr blühende Schneeheide (Erica carnea) und dann die Besenheide (Calluna). Wenn zunächst nur von den „flachen" Bodendeckern die Rede war, dann soll damit nicht gesagt sein, daß nicht auch halbhohe Bodendecker im Garten für diese Lagen verwendet werden. Dazu gehören einige Felsenmispelarten (Cotoneaster), Berberitzen (Berberis), Pfaffenhütchen (Euonymus), Geißklee (Cytisus), Ginster (Genista), Buchsbaum (Buxus), Heckenkirsche (Lonicera), Mahonie (Mahonia), Torfmyrte (Pernettya), Fingerstrauch (Potentilla), Lorbeerkirsche (Prunus laurocerasus), Alpenrose (Rhododendron).

Alle diese eben genannten flachwachsenden und halbhoch wachsenden Sträucher lassen sich auch zur Bepflanzung eines Steingartens verwenden. Merken Sie sich hierzu noch eines: Bei einer bescheidenen Steingartenfläche pflanzen Sie wenigstens drei Exemplare einer Pflanzensorte zusammen, bei einer größeren Fläche aber mindestens 5–7 Pflanzen. Dadurch ist die dekorative Wirkung größer und auch eindrucksvoller.

Laubbäume und Nadelbäume

Bäume bringen Behaglichkeit in den Garten, denn sie sind dekorativ und nützlich, sie spenden Schatten und tragen Früchte, wenn man an die verschiedenen Obstbäume denkt.

Bäume haben nur den Nachteil, daß sie beim Kauf noch keine richtigen Bäume sind, sondern erst kleine Bäumchen, und es dauert Jahre, bis daraus ein beachtlicher Baum geworden ist. Es gibt auch schon gut entwickelte Bäume aus Spezialbaumschulen zu kaufen. Sie werden mit großen Wurzelballen geliefert und kosten verständlicherweise viel Geld, wobei Transport und Pflanzung noch als zusätzliche Ausgaben hinzukommen. – Wer als älterer Mensch aber einen fertigen Garten haben möchte, dem kann nur geraten werden, bei der Gartenanlage schon teilweise erwachsene Bäume zu kaufen. Eine junge Familie, die das Leben noch vor sich hat, wird in der Regel junge Bäume pflanzen, um erstens preisgünstig einzukaufen, und zweitens um die Entwicklung und das Wachstum der Pflanzen mitzuerleben. Man muß schon beim Kauf eines Baumes genau wissen, wie groß er werden kann und wie die Entwicklung seiner Krone sein wird; auch wenn es zehn Jahre dauert, bis so ein Baum eine umfangreiche Krone gebildet hat. Die Gefahr besteht, daß der Baum zu groß wird – zum Schaden der anderen Pflanzen im Garten, denen er das Licht wegnimmt, – und für den Nachbarn, der durch das Wurzelwerk des Baumes stark belästigt wird, denn Baumwurzeln suchen sich ihre Nahrung in der näheren und weiteren Umgebung. Dabei machen sie auch an der nachbarlichen Grenze nicht Halt, selbst wenn dort auf einem Zementsockel ein Maschendrahtzaun errichtet worden ist. Aus diesem Grunde brauchen alle Pflanzen, die in der Nähe eines wachsenden oder erwachsenen Baumes stehen – auch wenn die Entfernung zwanzig Meter beträgt – immer eine doppelte Ration Nährstoffe und eine doppelte Menge Wasser.

Wenn Sie den Rat befolgen, werden Sie in dieser Hinsicht niemals Enttäuschungen erleben.

Selbstverständlich gibt es Unterschiede im Wurzelwachstum der verschiedenen Bäume. Die einen wachsen stärker in die Tiefe – sie haben eine Pfahlwurzel, die anderen wachsen mehr in die Breite und entwickeln ein weitverzweigtes Wurzelsystem.

Ein Kastanienbaum braucht Platz und ist für kleinere Gärten nicht zu empfehlen. Hier eine Aesculus briottii mit ihren roten Blüten, die sogar als Schattenspender für einen Sitzplatz dient, da sie kaum Früchte bringt, die einem später auf den Kopf fallen könnten.

Laubbäume, die als Obstbäume schön und nützlich sind

Man braucht da nur an den Nußbaum zu denken, den Süßkirschenbaum, den Quittenbaum – als niedrigen Hochstamm gezogen – den Sauerkirschenhochbusch und den Aprikosen- und Pfirsichbaum. Diese und andere nützlichen Obstbäume lassen sich sehr gut als dekorative Laubbäume in den Garten pflanzen.

Nußbaum und Süßkirsche sind ideale Schattenspender für den Sitzplatz, die Terrasse und den Parkplatz vor der Garage. Was könnte eine Gartenparty im Frühjahr lustiger beschirmen als das Blütendach eines Süßkirschenbaumes? Eine breit ausladende Reneklode tut es auch, ebenfalls eine Mirabelle. Als Solitärbusch für die Rasenfläche sind Quitte, Sauerkirsche und Pfirsich ideale Blütenschmuckpflanzen, sie zieren auch durch den grünen Blätterschmuck, zur gegebenen Zeit durch die Früchte, und in den Herbstwochen zeigen die Pfirsichbaumblätter ein so leuchtendes Rot und Gelb wie es ausgesprochene Laubbäume nicht besser tun können. Aus diesem Grund gehören solche Obstbäume als Zierbäume nicht nur in den Rasen, sondern auch in die Rundumhecke zwischen Goldregen, Flieder, Weigelie und Tamariske.

In den kleinen Garten oder in den Kleingarten passen nur Laubbäume mit kleinen Kronen

Diese Empfehlung sollte sich ein Gartenbesitzer zunutze machen, bevor er seinen Garten anlegt. Zur Planung und Anlage eines solchen Gartens gehört auch ein klein wenig Fingerspitzengefühl – „Wohin kann ich diesen oder jenen kleinkronigen Laubbaum pflanzen?" Eine Schwedische Mehlbeere (Sorbus intermedia) z. B. zeigt zwar einen konischen Wuchs der Krone, da aber die Blätter nicht fiederförmig sind, sondern eher einem Eichenblatt ähneln, werfen sie schon beachtlichen Schatten in ihre Umgebung bzw. auf ihre Unterpflanzung. Diese Schwedische Mehlbeere ist deshalb eine ideale „Überpflanzung" für schattenverträgliche Pflanzen wie Farne, Schattengräser, Azaleen oder Rhododendren. Weniger Schatten werfen die Ebereschen mit den fiederförmigen Blättern; wie die Gemeine Eberesche (Sorbus aucuparia) und die eßbare Mährische Eberesche (Sorbus moravica). Unter diesen beiden kleinkronigen Bäumen lassen sich auch lichtbedürftige niedere Sommerblumen und flache Sträucher pflanzen. Alle Ebereschen schmücken durch ihre weißen, doldenförmigen Blüten und ihre rotgelben Früchte, die so lange am Baum hängen bleiben, bis die Vögel sie geholt haben.

Ein kleinkroniger Baum ist auch der Rotdorn (Crataegus coccinea). In den Vorstädten und Landgemeinden wird er häufig als Straßenbaum angepflanzt und meistens kugelförmig geschnitten. Er kann auch im kleinen Garten angepflanzt werden – am besten als Baumgruppe. In der gleichen Weise geht man mit der Robinie um, die auch Scheinakazie genannt wird und die weiße und rosafarbene Blüten hervorbringt. Es ist eine typische Pflanze für leichte Böden in sonniger Lage. Das müssen Sie berücksichtigen, wenn Sie den Pflanzenplatz auswählen.

Über Zierkirschen – Zierpflaumen (Prunus) könnte ein Fachmann ein Buch schreiben, in dem sich vermutlich aber ein Gartenbesitzer kaum zurechtfinden würde. Und deshalb soll hier nur das Wesentliche über diese Pflanzengruppe gesagt werden.

Alle Prunus wachsen unterschiedlich hoch, breit oder hängig und blühen vom Frühjahr bis in die ersten Junitage hinein. Wer sich für diese Pflanzenfamilie interessiert, muß sich zunächst einmal eine Baumschule aussuchen, die über eine reiche Auswahl von Zierkirschen und Zierpflaumen verfügt, dann schaut er sich diese Pflanzen an, merkt sich ihre Namen, ihre Besonderheiten, und zur nächsten Pflanzzeit holt er sich die eine oder andere Pflanze in seinen Garten. – Ganz besonders schön sind Prunus cerasifera nigra und Prunus serrulata Hisakura. Wenn Ahornbäume erwähnt werden, dann sollten Sie nicht nur an den großen Feldahorn denken. Es gibt auch kleinkronige Ahornbäume wie z. B. Acer jap. aconitifolium, Acer jap. aureum, Acer gimala, Acer platanoides „Faasens Black". Ein solcher Ahorn ist ein idealer Blattbaum, dessen Schmuck sich dort besonders auszeichnet, wo es darum geht, einen Garten nach hinten abzuschließen, um Wind und Wetter in den „schönen" Monaten abzuhalten. – Auch neugierige Blicke der Nachbarschaft oder der Vorübergehenden werden in dieser Zeit gut von den genannten Ahornbäumen abgeschirmt, denn das Blattwerk dieser Bäume ist so dicht – fast wie eine Schilfwand.

Natürlich können Hochstämme den so angepriesenen Sichtschutz nicht bieten, aber Bäume – als Solitärbüsche gezogen – können es.

Besonders hübsch wirkt nun eine solche „Kulisse", wenn mehrere der genannten Ahornarten angepflanzt werden können, denn durch die verschiedenen Blattfärbungen erscheint das Ganze dann äußerst dekorativ.

Es gibt noch andere Baumarten, die in der eben genannten Weise zur Anpflanzung empfohlen werden können, allerdings ist das in jedem Falle immer eine Platzfrage.

Laubbäume, die nicht „jeder" in seinem Garten hat

Zunächst sollen sich die für den Garten-Neuling fast als „Raritäten" anzusehenden Bäume erst einmal vorstellen:

Ginkgo biloba	– Fächerblattbaum
Magnolia	– Magnolie

Liquidambar styraciflua	–	Amberbaum
Nothofagus antarctica	–	Scheinbuche
Chimonanthus praecox	–	Winterblüte
Catalpa bignonioides	–	Trompetenbaum
Liriodendron tulipifera	–	Tulpenbaum
Chionanthus virginicus	–	Schneeflockenbaum

Diese Bäume passen am besten in einen großen Garten. In einem kleinen Garten kann man sie nur mit „Vorbehalt" anpflanzen, womit gemeint ist, daß man sie nur einige Jahre – vielleicht 15 Jahre und etwas mehr – dulden kann, dann werden sie zu groß. Zweifellos sind diese Bäume nicht immer in einer Baumschule oder in einem Garten-Center vorrätig, deshalb sollte man bei Bedarf eine solche Pflanze rechtzeitig bestellen, damit sie zur Pflanzzeit geliefert werden kann.

Magnolien scheinen Modepflanzen zu werden, obwohl sie wirklich nicht überall hinpassen. Außerdem sind sie an zu ungeschützten Plätzen etwas frostempfindlich, und sie benötigen unbedingt einen torfhaltigen oder walderdehaltigen, also einen sauren Boden. Können sie ihn nicht haben, so werden die kräftig-grünen Blätter ganz hellgrün, hellgelb, und der Fachmann spricht in diesem Falle von Chlorose (Gelbsucht), – für den Gartenbesitzer wird eine solche Pflanze zum „Bleichgesicht".

Übrigens gibt es von den Magnolien etliche Arten und viele Sorten. Wenn Sie die Absicht haben, sich eine Magnolie in den Garten zu pflanzen, dann ist es ratsam, sich erst einmal verschiedene dieser Pflanzen in einem botanischen Garten anzuschauen. Oft werden im Volksmund fälschlicherweise Magnolien als „Tulpenbäume" bezeichnet, aber ein richtiger Tulpenbaum (Liriodendron tulipifera) wird ja dreimal so hoch wie eine Magnolie und erreicht nach vielen, vielen Jahren sogar eine Höhe von 25 m. – Das ist natürlich kein Baum für einen Reihenhausgarten!

Da ist die Scheinbuche (Nothofagus antarctica) schon eher geeignet, denn sie wird im Laufe ihrer Entwicklung nur ungefähr 5–6 m hoch. Das Interessante an diesem Baum sind seine fächerartig gestellten Zweige und seine ganz kurz gestielten Blätter, die sich in den Herbstwochen gelb färben.

Die Scheinbuche liebt einen frischen, tiefgründigen Boden, der auch kalkhaltig sein darf. Sie mag gern in der Sonne stehen. Scheinbuchen lassen sich sehr gut – in große Kübel gepflanzt – bei der Anlage von Dachgärten verwenden.

Ein Baum mit duftenden Blüten in den Winterwochen ist natürlich etwas Besonderes. Er heißt ganz einfach Winterblüte (Chimonanthus praecox). Die Blüten sind außen gelb und innen purpur und – wie gesagt – sie duften wundervoll!

Der Trompetenbaum (Catalpa bignonioides) ziert nicht nur durch seine zauberhaften Blüten und seinen Blätterschmuck, sondern vor allem auch durch seine bohnenähnlichen Früchte, die bis zum neuen Austrieb am Baum hängen bleiben.

Der Schneeflockenbaum (Chionanthus virginicus) ist eigentlich nur ein Strauch, der im Juni weiße, fast 20 cm lange Blütenrispen hervorbringt und nicht höher als 3 m wird. Er blüht sehr reich und duftet herrlich.

Der Fächerblattbaum (Ginkgo biloba) wird zur Zeit als etwas Besonderes herausgestellt. Das ist berechtigt, denn er gehört botanisch zu den Nadelbäumen, obwohl an seinen Zweigen gar keine Nadeln sitzen, sondern Blätter, die fächerförmig sind und im Spätherbst kräftig gelb werden.

Wenn so ein Ginkgobaum im Laufe seiner Entwicklung bis zu 30 m hoch werden kann, so braucht das einen Gartenbesitzer nicht abzuschrecken ihn zu pflanzen. Es dauert viele, viele Jahre, bis ein Ginkgo diese stattliche Höhe erreicht hat.

Jeder Baum ist ein Individualist, denn in jedem Einzelfall vollzieht sich die Entwicklung entsprechend anders.

Nadelbäume als Solitärbäume pflanzen!

Dieser Vorschlag hat seine volle Berechtigung, denn nur so kann sich ein Nadelbaum nach allen Seiten hin entwickeln und bekommt dadurch sein schönes Aussehen. Nadelbäume lassen im Herbst keine Blätter fallen, wie das die Laubbäume tun, und deshalb sind sie auch so begehrt. Hier fällt das Zusammenkehren des Laubes weg. Die normal wachsenden Nadelbäume werden allerdings im Laufe ihrer Entwicklung sehr hoch – sie sind dann meistens für den Garten zu groß. Wer sich bei der Pflanzung darüber im klaren ist, wird später nicht erschrecken, wenn er mit Säge und Axt seinen Garten „bereinigen" muß. Weil es aber einige Jahrzehnte dauert, bis es soweit ist, dürfte dieses Problem im Grunde genommen unerheblich sein.

Einige Nadelbäume, die ein besonders attraktives Aussehen haben, sollen hier in loser Reihenfolge genannt werden: Koloradotanne (Abies concolor), Koreatanne (Abies koreana), Atlas-Zeder (Cedrus atlantica 'Glauca'), Lebensbaumzypresse (Chamaecyparis nootkatensis 'Pendula'), Urweltmammutbaum (Metasequoia glyptostroboides), Hängefichte (Picea excelsa 'Inversa Penula'),

Große Bäume vor dem Haus sind oftmals ein Risiko, denn sie nehmen viel Sonne und viel Licht weg. Wenn der Garten groß genug ist und eine Serbische Fichte (Picea omorika) solitär stehen kann, wird sie sich nach allen Seiten frei entwickeln können und ein wahres Prachtstück darstellen.

Veredelte Blaufichte (Picea pungens 'Glauca Koster'), Tränenkiefer (Pinus griffithii), Japanische Schirmtanne (Sciadopitys), Lebensbaum (Thuja occidentalis), Hemlockstanne (Tsuga canadensis). Merken Sie sich noch eins: Nadelbäume vertragen keine stauende Nässe – also keinen ständig nassen Boden. Besonders empfindlich gegen Nässe sind Kiefern, Eiben und Zypressen.

Die „Zwerge" unter den Nadelbäumen sind heutzutage die gefragtesten Bäume

Warum? Sie passen in einen kleinen Garten, sie wachsen langsam, und ihre Verwendung ist vielseitig: Auf den Blumenbeeten, im Steingarten, im Wohnhof, im Vorgarten, als Grabschmuck. Hier sind die wesentlichen Arten aufgeführt, denn „Seltenheiten" gibt es auch selten zu kaufen. Die Baumschulen und Garten-Center beschäftigen sich in ihrer Mehrzahl erst seit wenigen Jahren mit der Anzucht dieser Zwergkoniferen, und es dauert eben ein paar Jahre, bis verkaufsfertige kleine Nadelbäumchen herangewachsen sind.

Hier ist eine Auswahl davon – es sind verschiedene Lebensbaumzypressen wie:

Chamaecyparis lawsoniana 'Ellwoodii'
Chamaecyparis lawsoniana 'Forsteckensis'
Chamaecyparis lawsoniana 'Minima Glauca'
Chamaecyparis obtusa 'Nana Gracilis'
Chamaecyparis pisifera 'Filifera Nana'
Chamaecyparis pisifera 'Nana'
Chamaecyparis pisifera 'Filifera Nana Aurea'
Chamaecyparis pisifera 'Plumosa Aurea'
Chamaecyparis pisifera 'Squarrosa Boulevard'

Hier einige langsam bzw. kriechend wachsende Wacholderarten:

Juniperus chinensis 'Blaauw's Varietät'
Juniperus chinensis 'Pfitzeriana Old Gold'
Juniperus chinensis 'Procumbens Aurea'
Juniperus chinensis 'Procumbens Plumosa Aurea'
Juniperus communis 'Repana'
Juniperus horizontalis 'Glauca'
Juniperus sabina 'Tamariscifolia'
Juniperus squamata 'Blue Star'

Nun sind natürlich Zypressen und Wacholder nicht immer ideale Partner für kleine Pflanzengemeinschaften im Garten, die oft aus Rosen, Stauden, Blumenzwiebeln und Sommerblumen bestehen. Tannen, Fichten, Kiefern und Eiben eignen sich da wesentlich besser. Zwar ist die Zahl der langsam und kurz wachsenden Arten nicht so groß wie bei Zypressen und Wacholder, aber die Wuchsformen der Kiefern, Fichten und Tannen sind doch so vielgestaltig, daß sie besser zu den Beetpflanzen passen.

Hier sind die verschiedenen Immergrünen aus den bodenständiden Nadelgehölzen aufgeführt, die flach bzw. langsam wachsen:

Zwerg-Tanne (Abies balsamea 'Nana')
Zwerg-Zeder (Cedrus verticillata 'Glauca')
Igelfichte (Picea excelsa 'Echiniformis')
Nestfichte (Picea excelsa 'Nidiformis')
Serbische Fichte Zwergform (Picea omorika 'Nana')
Blaufichte Zwergform (Picea pungens 'Glauca Globosa')

Kiefer (Pinus sylvestris 'Watereri')
Kiefer (Pinus strobus 'Nana')
Zwergkiefern (Pinus montana)
(Pinus montana mughus)
(Pinus montana pumilio).
Hemlockstanne Zwergform (Tsuga canadensis 'Nana').
Mit dieser Auswahl hat ein Gartenbesitzer die Möglichkeit, nach seinen Wünschen die flachwachsenden und langsam wachsenden Nadelgehölze auszuwählen.

Blumenbeete

Der Wunsch eines jeden Gartenbesitzers, daß im Garten „immer etwas blühen soll", ist verständlich. Sei es nun, weil man Farben liebt und einen „bunten" Garten haben möchte, oder weil die Hausfrau auch gern ein paar Blumen für die Vase schneiden will.– Es ist durchaus möglich, vom Frühjahr bis zum Spätherbst blühende Beete und Rabatten zu haben, nur muß man sich mit den gegebenen Möglichkeiten beschäftigen.
Blumenbeete liegen meist am Rande des Rasens, sie stellen den Übergang von der Terrasse zum Rasen dar, oder aber sie bilden in kleineren Gruppen eine farbige Kulisse von Koniferen, am Rande einer Hecke, oder dekorieren gar eine Baumscheibe. Es gibt so viele Möglichkeiten, die je nach der Gartenform verschieden sind.

Das Rosenbeet

Wer sich als Gartenneuling mit der Anlage eines Blumenbeetes beschäftigt, denkt vielleicht zuerst an Rosen, denn Rosen möchte jeder gerne in seinem Garten haben, ob es sich nun um Dekorationsrosen oder die immerblühenden Rosen, die von Fachleuten „Floribundarosen" genannt werden, handelt – oder um die eleganten Schnittrosen, die man früher „Edelrosen" nannte. Ein Rosenbeet gehört nun einmal in den Garten. Oft liegt es am Rande der Terrasse, und das ist gut so, denn dort bekommen die Rosen am meisten Sonne, die sie unbedingt zu ihrer Entwicklung brauchen. Sie trennen auch die Terrasse von der sich anschließenden Rasenfläche. Auf diese Weise werden Kinder und Haustiere gezwungen, nur einen Weg von der Terrasse aus zum Garten zu benutzen und nicht wahllos über die Beete zu laufen.

Die Bergkiefer (Pinus montana) ist nicht sehr wuchsfreudig und wird auch nur 2–3 m hoch. Sie eignet sich vorzüglich als Vorpflanzung – in diesem Falle dient sie als Schattenspender am „Fuße" einer Clematis, die ja immer einen „warmen Kopf" und „kalten Fuß" haben will.

Früher war man der Meinung, daß Rosen nur im typischen Lehmboden gedeihen würden. Das ist aber nicht der Fall, denn Rosen wachsen auch im leichten Sandboden – nur der Moorboden sagt ihnen nicht zu, deshalb sollte man bei der Pflanzung im Herbst oder Frühjahr nicht gar zu viel Torf mit ins Erdreich bringen.
Ein Rosenbeet braucht nicht immer eine eng begrenzte Bodenfläche zu sein, ein Rosenbeet kann auch die Kulisse einer Nadelgehölzgruppe auflockern und bunt machen. Bei der Anlage eines Rosenbeetes sollten Sie sich deshalb gleich darüber klar werden, welcher Gestaltung Sie den Vorzug geben: dem einzelnen Rosenbeet mit einer Rosensorte oder verschiedenen Rosensorten oder der kombinierten Bepflanzung mit Rosen und niederen Nadelgehölzen oder einer Bepflanzung mit Rosen und Stauden. – Man kann Rosen auch tuffweise auf eine gemischte Blumenrabatte pflanzen, wobei auf die Höhe der einzelnen Rosensorten Rück-

Ein Staudenbeet macht Arbeit, besonders, wenn es sich um hochwachsende Stauden handelt, die immer in Gefahr sind, nach Regen oder Wind umzufallen. Deshalb müssen solche Stauden wie hier der Sonnenhut (Rudbeckia) durch Staudenringe gehalten werden.

sicht genommen werden muß. Wenn die Rosen im Vordergrund des Beetes stehen, sollten sie dort die niedrigsten Pflanzen sein; werden sie aber in den Hintergrund gesetzt, so müßten sie natürlich die anderen Pflanzen überragen. Immer sollten die Rosen auf Grund ihrer Farbwirkung von allen Seiten im Garten sichtbar sein. Staudenbeete werden niemals einheitlich mit einer Staudenart oder einer Staudensorte bepflanzt. Es sollen immer Pflanzenkombinationen sein mit hohen, mittelhohen, niedrigen und polsterbildenden Stauden, die so arrangiert werden, daß keine Art die Nachbarart durch ihren höheren und kräftigeren Wuchs unterdrückt. Die Farbe der Blüten und der Zeitpunkt des Blühens spielen bei der Bepflanzung eines Staudenbeetes eine sehr wichtige Rolle. Ein Beet mit Stauden zu bepflanzen, ohne sich eine Pflanzskizze aufgezeichnet zu haben, führt zu nichts.

Stauden haben den Vorteil, daß sie – einmal gepflanzt – oft jahrelang am gleichen Platz blühen, wenn sie ausreichend gedüngt und gepflegt werden.
Stauden haben aber auch einen Nachteil: das Unkraut zwischen den sich ausbreitenden Staudenpflanzen zu jäten, macht viel Mühe! Und noch eins: nach zwei bis vier Jahren sind manche Stauden so umfangreich geworden, daß sie aus der Erde genommen, geteilt und wieder eingepflanzt werden müssen, soweit Bedarf vorhanden ist. Diese beiden Arbeiten erfordern Zeit und Mühe. Wer sie nicht scheut, sollte sich ein Staudenbeet an einem sonnigen Platz im Garten zunächst einmal „versuchsweise" anlegen, damit er den Umgang mit dieser sehr großen Pflanzenfamilie kennenlernt. Dabei wird er feststellen, daß es auf einem Staudenbeet monatelang blühen kann. Zwar ist jede Staude in ihrer Art verschieden, aber gerade deshalb lassen sie sich so vielseitig im Garten verwenden. In der Sonne und im Schatten, im steinigen Boden, im Sand, im Humusboden, im feuchten Boden und sogar im Wasser. Es gibt keinen Platz im Garten, an dem nicht eine Staude wachsen könnte.
Staudenbeete erfahren eine Bereicherung, wenn sie durch die verschiedenen Blumenzwiebelarten ergänzt werden können. Vergessen Sie übrigens nicht, daß die Ziergräser und Farne auch zu den Stauden gehören. Man kann gerade mit diesen Pflanzen erstaunlich viel an schattigen und sonnigen Plätzen ausgleichen.
Die nachfolgende Pflanzenaufstellung bringt eine kleine Auswahl von Blütenstauden, Gräsern und Farnen.

Stauden für sonnige Lagen

Botanischer Name	Deutscher Name	Blütenfarbe	Blütezeit	Wuchshöhe in cm
Papaver	Mohn	rot	April-Mai	60
Rudbeckia	Sonnenhut	gelb	Juli-Okt.	120
Achillea	Schafgarbe	gelb	Juni-Sept.	70-120
Eryngium	Edeldistel	stahlblau	Juli-Aug.	70
Chrysanthemum	Margerite	weiß-gelb	Mai-Juni	100
Phlox	Flammenblume	vielfarbig	Juni-Aug.	80
Lupinus	Lupine	vielfarbig	Juni-Juli	100

Botanischer Name	Deutscher Name	Blütenfarbe	Blütezeit	Wuchshöhe in cm
Delphinium	Rittersporn	blau	Mai-Juni	120
Helenium	Sonnenbraut	gelb-braun	Sept.-Okt.	100
Coreopsis	Mädchenauge	gelb	Mai-Juni	100
Gaillardia	Kokardenblume	gelb-rot	Juli-Aug.	100
Aster	Glattblattaster	vielfarbig	Aug.-Sept.	100
Iris	Schwertlilie	vielfarbig	Mai-Juni	60-100

Stauden für schattige und halbschattige Lagen

Primula	Primel	bunt	März-Mai	20
Trollius	Trollblume	gelb	April-Juni	50
Aruncus	Waldgeißbart	rahmweiß	Mai-Juni	120
Aquilegia	Akelei	vielfarbig	Mai-Juni	70
Tradescantia	Dreimasterblume	blau	Mai-Juli	60
Astilbe	Prachtspiere	weiß-rot	Juni-Juli	60
Cimicifuga	Silberkerze	weiß	Juli-Aug.	100
Aconitum	Eisenhut	blau	Juli-Okt.	120
Hosta	Funkie	blau-weiß	Aug.-Okt.	40
Anemona	Herbstanemone	weiß-rosa	Sept.-Okt.	100

Ziergräser für Sonne und Halbschatten

Botanischer Name	Deutscher Name	Blütenfarbe	Blütezeit	Wuchshöhe in cm
Pennisetum	Lampenputzergras			100
Molinia	Pfeifengras			150
Miscanthus	Chinaschilf			150
Avena	Hafer			100
Briza	Zittergras			30
Carex	Segge			25
Cortaderia	Pampasgras			170
Festuca	Schwingel			25
Stipa	Federgras			60
Luzula	Hainsimse			30

Rittersporn (Delphinium) gibt es in vielen blauen Farbtönen. Man kann mit ihm, mit rotem Mohn und anderen farbenfrohen Stauden eine hübsche Rabatte gestalten.

Winterharte Freilandfarne

Polystichum	Schildfarn	50
Dryopteris	Wurmfarn	100
Blechnum	Rippenfarn	40
Matteuccia	Straußfarn	100
Phyllitis	Hirschzunge	40

Sommerblumen

Sommerblumen sind praktische und preiswerte Helfer, die Beete eines „jungen" Gartens zunächst einmal zu beleben und aufzulockern. Im späten Frühjahr – nach den Eisheiligen – werden sie ausgesät, gepflanzt und im späten Herbst wieder entfernt, weggeworfen, verkompostiert. Sie blühen nur ein Jahr, im Höchstfall zwei Jahre. Diese zwar kurzlebigen aber hübschen bunten Blumen

Sommerblumen sind einjährige Pflanzen, die im Herbst weggeworfen werden, aber man kann mit ihnen vom Frühjahr bis zum Herbst eine farbenfrohe, bunte Rabatte schaffen.

kann man gut als „Lückenbüßer“ für das Staudenbeet, die Trockenmauer und für den Steingarten verwenden. Sommerblumen kauft man auch als junge Pflänzchen in einer Gärtnerei, im Samenfachgeschäft oder im Garten-Center und pflanzt sie an Ort und Stelle aus, dorthin, wo man sie haben will.
Man kann sich die Sommerblumen auch selbst heranziehen. Im Gartenfachgeschäft gibt es Sommerblumensamen in bunten Samentüten zu kaufen. Anfang April etwa wird der Samen in flache Schalen oder Saatkistchen ausgesät. Als Füllmaterial nimmt man am besten TKS 1, ein Torfkultursubstrat, das es gebrauchsfertig im Gartenfachgeschäft zu kaufen gibt. Es wird leicht angefeuchtet, man sät den Samen ein, streut noch eine leichte Schicht des Substrates darüber und drückt alles ein bißchen fest. Die Aussaatfläche muß ganz eben sein, und auch nachher sollte es keine Vertiefungen im Erdreich bzw. Substrat geben, in denen das Wasser stehenbleiben könnte. Ist der Samen aufgelaufen und sind die Pflänzchen etwa 8–10 cm hoch geworden, werden sie vereinzelt, so daß sie sich bis zum Auspflanzen im Freien zu wuchsfreudigen und blühfähigen Pflanzen entwickelt haben.
Es macht natürlich weniger Arbeit, den Sommerblumensamen gleich ins freie Land dort auszusäen, wo nachher die Blumen auch wachsen und blühen sollen. Das kann man allerdings nur mit den Blumenarten machen, die es vertragen, das ist auf der Rückseite der Samentüte in einer Beschreibung genau angegeben. – Für die Aussaat im Freien ist ein sonniges Plätzchen notwendig. Dort wird dann die Erde mit feuchtem Torfmull vermischt und gut gekrümelt. Wenn die kleinen Pflänzchen 1–2 Blattpaare gebildet haben, werden sie „ausgelichtet“, d. h., die stärksten und besten Pflanzen bleiben stehen und die schwachen und kümmerlichen Pflanzen werden herausgenommen. Auch dabei ist Behutsamkeit nötig, denn die stehenbleibenden Pflanzen dürfen ja nicht in ihrem Wurzelwachstum gestört werden und sollen unbeeinflußt weiterwachsen. Sie können dieses Vereinzeln der Pflanzen ruhig großzügig vornehmen, denn Sie müssen immer bedenken, wie groß nachher eine fertige Pflanze werden wird, wenn sie blüht!
Wenn die Sommerblumen vorher als „Lückenbüßer“ bezeichnet wurden, dann war das nur eine Möglichkeit ihrer Verwendung. Man kann sie aber auch zur Einfassung von Blumenbeeten nehmen, zur Abgrenzung von Vorgärten, Parkplätzen, Wegen, Sitzplätzen und sogar – wenn diese Eigenschaften vorhanden sind – als Kletterpflanzen.

Hier eine kleine Auswahl verschiedener Sommerblumen

Botanischer Name	Deutscher Name	Blütenfarbe	Blütezeit	Wuchshöhe in cm
Amaranthus	Fuchsschwanz	rot	Juli-Aug.	30–80
Godetia	Atlasblume	rosa, lila-weiß	Juni-Sept.	60–80
Lathyrus	Wicke	vielfarbig	Juni-Sept.	100–150
Dianthus	Nelke	vielfarbig	Juni-Aug.	50
Cosmos	Cosmea	vielfarbig	Juli-Okt.	100

Botanischer Name	Deutscher Name	Blütenfarbe	Blütezeit	Wuchshöhe in cm
Centaurea	Flockenblume	blau-rosa	Juni-Aug.	30–90
Gazania	Gazanie	vielfarbig	Juni-Sept.	20–40
Tropaeolum	Kapuzinerkresse	gelb-rot	Juli-Okt.	50–70
Nicotiana	Ziertabak	rosa-weiß	Juli-Sept.	80–100
Tagetes	Studentenblume	gelb-braun	Juli-Okt.	20–80

Für *Blumenzwiebeln und Blumenknollen* stehen in einem Garten nur selten so große Flächen zur Verfügung wie in Parks und öffentlichen Grünanlagen. Die Wirkung der Blumen im kleinen Garten ist aber deshalb nicht geringer; auch wenn es nicht möglich ist, große Mengen von Blumenzwiebeln und -knollen auf langen Beeten einzusetzen, weil ja dazu der Platz eben nicht vorhanden ist.

Blumenzwiebeln und -knollen werden im Garten zu Gruppenpflanzen. Schon durch das Pflanzen weniger Zwiebeln und Knollen einer Sorte kann man später eine dekorative Wirkung erzielen; besonders wenn sie vor einem entsprechenden Hintergrund stehen, der sich von den leuchtenden Farben der Blüten abhebt. Das können Sträucher, Nadelhölzer, Wände aus Beton, Mauerwerk und Holz sein, aber auch das Grün des Rasens bildet eine wunderschöne Kulisse.

Welche Pflanzen gehören zu den Blumenzwiebeln und Blumenknollen?

Sie haben ja sicherlich schon anhand eines Blumenzwiebelkataloges festgestellt, wie groß das Angebot ist – für den erfahrenen wie für den unerfahrenen Hobby-Gärtner gleichermaßen eine erdrückende Fülle.

Tulpen, Narzissen und Hyazinthen sind die bekanntesten Blumenzwiebeln. Es gibt über 5000 Gartentulpensorten – angeboten werden glücklicherweise nur um 250. Das langt vollauf, wenn man überlegt, daß ja auch ständig neue Sorten gezüchtet und in den Gartenfachgeschäften verkauft werden. Ähnlich ist es bei den Narzissen – da wurden schon einmal über 8000 Narzissensorten registriert. Heutzutage genügt es, wenn 150 Narzissensorten angeboten werden. Bei den Hyazinthensorten sind es viel weniger, vielleicht etwa 30–50.

Die folgenden Aufstellungen sollen Ihnen den Einkauf der eben erwähnten Blumenzwiebelarten im Gartenfachgeschäft, im Garten-Center oder beim Versandgeschäft erleichtern.

Tulpen

Tulpenart	Wuchshöhe in cm	Beginn der Blütezeit
Einfache frühe Tulpen	30–40	Mitte April
Gefüllte frühe Tulpen	25–30	Ende April
Mendel-Tulpen	35–45	Ende April
Triumph-Tulpen	40–50	Anfang Mai
Darwin-Tulpen	60–75	Mitte Mai
Super-Darwin-Tulpen	70	Mitte Mai
Rembrandt-Tulpen	70	Mitte Mai
Breeder-Tulpen	65–75	Mitte Mai
Lilienblütige Tulpen	55–65	Mitte Mai
Papagei-Tulpen	60	Mitte Mai
Einfache späte Tulpen	65–75	Anfang Mai
Gefüllte späte Tulpen	40–50	Anfang-Mitte Mai

Dazu kommt noch eine große Anzahl „botanischer Tulpen", die sich im wesentlichen für Steingärten, Trockenmauern und Kleinbeete eignen. Sie blühen sehr früh – manche Sorten bereits im März.

Noch ein Wort zur Blütezeit der verschiedenen Tulpenarten und Tulpensorten; die angegebenen Termine gelten bei normalem Ablauf der Witterung um diese Zeit. Bei extremen Temperaturen – seien es sehr sonnige oder sehr kühle Tage – wird es immer Verschiebungen der Blütezeit geben. Im allgemeinen kann der Gartenbesitzer davon ausgehen, daß mit der Tulpenblüte in der Zeit von April bis Ende Mai zu rechnen ist.

Tulpenzwiebeln werden bekanntlich in den Herbstwochen in den Boden gesteckt. Glauben Sie nicht, daß sie im Frühjahr frühzeitiger blühen, wenn sie im Herbst sehr zeitig in den Boden gelegt werden – auch frühe Tulpen blühen zu ihrer Zeit, selbst wenn sie erst im Dezember in den Boden kommen.

Narzissen

Trompeten-Narzissen zeichnen sich dadurch aus, daß die Trompete (Nebenkrone), die fast waagerecht nach vorn steht, größer ist als der Blütenkranz. Unter den Trompeten-Narzissen gibt es 4 Variationen:

1. Blüten sind einfarbig gelb
2. Blüten sind einfarbig weiß oder cremeweiß
3. Blüten sind zweifarbig (Trompete gelb, Krone weiß oder eierschalenfarbig)
4. Blüten sind zweifarbig (Trompete blaßrosa, Krone weiß).

Bei den Schalen-Narzissen oder Großkronigen Narzissen
ist die Nebenkrone nicht ganz so groß wie der Blütenkranz.
Bei den Teller-Narzissen oder Kurzkronigen Narzissen
ist die Nebenkrone flach und viel kleiner als der Blütenkranz.
Bei den Dichter-Narzissen
ist die Nebenkrone ein ganz kleines, rotgerandetes Auge und der Blütenkranz ist weiß. Die Dichter-Narzissen duften.
Außerdem gibt es noch eine ganze Menge Zwerg- und Wildnarzissen, die zum Teil schon im März blühen und sich sehr gut für den Steingarten und die Trockenmauer eignen.
Narzissen sind die großen Frühlingsboten schlechthin, denn sie sind widerstandsfähig und immer bereit, im nächsfen Frühjahr mit noch mehr Blüten zu erscheinen.

Hyazinthen

Garten-Hyazinthen – das sind die Hyazinthen für die Blumenbeete. Meist sind die Hyazinthenblüten gefüllt, aber es gibt auch einfach blühende Hyazinthen, die mit ihrem lockeren Aufbau der Blüten für die Gartenbeete fast noch wirkungsvoller sind. Hyazinthen wollen einen warmen Boden haben, der im Sommer gut austrocknet. Ist er nicht vorhanden, muß man die Hyazinthenzwiebeln nach der Blüte aus dem Boden nehmen und bis zum Herbst lagern. Wo das Beet an den grünen Rasen grenzt, dorthin gehören Hyazinthen – und zwar ganz nach vorn an die Rasenkante.

„Blumenzwiebelkleinkram"

Mit am reizvollsten von allen Frühjahrs-Blumenzwiebeln sind die ganz „Kleinen" wie Schneeglöckchen (Galanthus), Winterling (Eranthis), Schneeglanz (Chionodoxa), Märzbecher (Leucojum), Traubenhyazinthe (Muscari), Blaustern (Scilla), Krokus (Crocus), ganz frühe Narzissen und botanische Tulpen.
Sie alle sind die geeigneten Pflanzen für die Vorderkante der Blumenrabatte oder zur Gestaltung der Gruppenpflanzung im Blumenbeet.
Noch eine Anregung für den Gartenbesitzer: auch in den Rasen selbst können Sie Blumenzwiebelgruppen pfanzen, wozu sich Krokus, Schneeglöckchen und Blaustern gut eignen, auch Traubenhyazinthen, Schneeglanz und ganz frühe Narzissen.
Wenn Sie diese Anregung ausführen, müssen Sie allerdings den ersten Rasenschnitt zeitlich möglichst lange hinausschieben, damit Sie das Blumenzwiebelgrün erst dann mit abmähen, wenn die Blätter langsam gelb werden und einzuziehen beginnen. Auf diese Weise bleiben die Zwiebeln im Boden so kräftig, daß sie im nächsten Frühjahr wieder mit ihren Blüten erscheinen. Ist das bei einem üppigen Rasenwuchs nicht möglich, dann müssen Sie um die „Blumenzwiebelnester" herummähen, um sie stehen zu lassen und sie erst bei einem späteren Schnitt mit abmähen.
Die Blumenzwiebeln- und Blumenknollenfamilie liefert aber nicht nur im Frühjahr hübsche Blumengruppen, sie tut es fast das ganze Jahr. In den Sommerwochen sind es vor allen Dingen Dahlien, Knollenbegonien, Lilien und Gladiolen. Zu ihrer Verwendung auf den Blumenrabatten einige Empfehlungen:
Dahlien haben den Vorteil, daß sie äußerst vielseitig auf den Blumenbeeten zu verwenden sind, denn die einzelnen Dahlienarten haben nicht nur verschiedene Blütenformen, sondern auch unterschiedliche Wuchshöhen. Dazu kommt noch das ungemein reizvolle Farbenspiel aller Dahlien.
Garten-Neulinge tun gut daran, sich mit dieser Pflanzenfamilie zu beschäftigen, denn die Anschaffung der Dahlienknollen stellt keine nennenswerte Ausgabe dar. Weil sich die Dahlien während ihrer Blütezeit auch noch im Boden weiterentwickeln und neue Knollen bilden, also sich vermehren, hat der Gartenbesitzer immer die Möglichkeit, im nächsten Jahr „noch mehr" davon zu pflanzen.
In neuen Wohngebieten ist die Dahlie Favoritin; so schnell schließt sich keine Blütensträucherhecke, wie das eine Dahlienrandpflanzung tut, die sich am Gartenzaun entlangzieht.
Die meisten Dahlien wachsen über die 1 m Grenze hinaus, manche Sorten erreichen sogar 1.80 m – und in die Breite wachsen sie ebenfalls. Es gibt aber auch ganz niedrige Dahlien, die höchstens 30 cm hoch werden. Diese Blumen gehören immer an den Rand der Pflanzbeete – dorthin, wo sich der Rasen anschließt.
Zur Vielseitigkeit der Dahlien gehört auch, daß sie allerbeste Lieferanten als Vasenblumen sind. Außerdem eignen sich die niederen

Arten gut als Blumenschmuck für Kästen und Schalen und für die kleinen, ausgesparten Terrassenbeete. Eine Pflanze, die so viele Vorteile hat, besitzt natürlich auch Nachteile. Dahlien machen dem Gartenbesitzer einige Arbeit; zunächst während der Wachstumsperiode und dann durch das Pflanz Pflegen und Überwintern. In der folgenden Aufstellung können Sie etwas über die verschiedenen Dahlienarten erfahren:

Dahlien

Familienname	Wuchshöhe in cm	Blütenform
Kaktusdahlie	120–160	enge Strahlenblüten
Schmuckdahlie	160–180	breite Blütenblätter
Pompondahlie	80–100	kugelförmig
Halskrausendahlie	60–80	mit Randblüten und Röhrenblüten
Mignondahlie	20–40	einfache Blüten

Die Knollenbegonie ist eine typische Schalenpflanze, die erst nach den Eisheiligen ins Freie gepflanzt werden darf, weil sie sonst erfriert. Man kann sie selbstverständlich auch als flache Farbkleckse auf die Beete pflanzen – allerdings nur auf solche Beete, die nicht in der grellen Sonne liegen. Es gibt heute in der großen Familie der Knollenbegonien auch Arten, die in der Sonne gedeihen – eine davon ist „Begonia bertinii compacta". Das sollten Sie wissen, wenn Sie im Frühjahr beim Gärtner, im Gartenfachgeschäft oder auf dem Wochenmarkt Knollenbegonien für den sommerlichen Blumenschmuck kaufen.

Wer in seinem Garten etwas Besonderes anpflanzen möchte, kann auch einmal Lilien-Zwiebeln pflanzen. Lilien sind besonders schöne Beetpflanzen, aber es sind auch ganz große Individualisten. Das einzige, was alle Lilienarten gemeinsam haben, ist der Wunsch nach hoher Luftfeuchtigkeit und einem sehr humosen Boden, der in seiner Unterschicht recht wasserdurchlässig ist. Allerdings mag die Lilie nur dort Sonne haben, wohin sie sich mit ihrem Blütenstengel streckt. Unten, wo der Blütenstengel aus der Zwiebel kommt, hat es die Lilie gern schattig. Mit Lilien sollte man sich zunächst etwas theoretisch beschäftigen, bevor sie in den Garten geholt werden, ob es sich nun um Feuerlilien, Madonnenlilien, Tigerlilien oder Wildlilien handelt. In jedem Falle sind sie in einer kleinen Pflanzengemeinschaft immer die „Juwelen".

Knollenbegonien, Fuchsien im Verein mit Grünlilien sind typische Beetplanzen für schattige und halbschattige Lagen.

Gladiolen sind im Grunde genommen keine Rabattenblumen, wenn man daran denkt, daß sie meistens reihenweise ausgelegt werden und oftmals nicht tief genug in den Boden kommen. Sie haben dann in der Erde keinen Halt und fallen um oder werden an einem Stab angebunden. Das alles sieht recht unschön aus. Gladiolen kann man nur gruppenweise auf eine Rabatte pflanzen. In voller Blüte sind sie ideale „Leuchtfeuer" und zwischen Ziergräsern wirken sie besonders dekorativ.

Ein Gladiolensortiment umfaßt frühblühende, mittelfrühe und spätblühende Sorten, und beim Einkauf im Frühjahr muß man sich danach richten. Auf diese Weise kann die Blütezeit der Gladiolen verlängert werden.

Im reichen Angebot der Zwiebel- und Knollengewächse fehlen noch die altbekannten Montbretien, die aber auch nur in Gruppen zusammengepflanzt gut wirken. Der Milchstern mit seinen weißen, kerzenartigen Blüten ist eine dankbare Vasenblume, und die Iris hollandica ist in letzter Zeit immer beliebter geworden.

Polsterstauden entwickeln sich in zwei bis drei Jahren zu beachtlichen Farbflächen im Steingarten oder an der Trockenmauer.

Steingarten

Der Steingarten sollte möglichst immer in der vollen Sonne liegen, denn die typischen Steingartenpflanzen, die in der Mehrzahl verwendet werden, brauchen viel Wärme und Licht. Ausschlaggebend für die Anlage eines Steingartens ist die Lage des Grundstücks. Oftmals ist es ein Hang, der bis zur Terrasse aufgeschüttet wurde, und dann lassen sich die Steine so anordnen, daß die Erde durch sie festgehalten wird. Dabei entstehen kleinere Pflanzflächen, die hier sehr erwünscht sind, weil sich auf diese Weise Pflanzengemeinschaften ansiedeln lassen, die verschiedenartige Erdzusammensetzungen brauchen. Bei Steingartenbeeten stellen die Steine die Verbindung unter den einzelnen Pflanzengruppen her und dort, wo sie liegen, verhindern sie die Wasserverdunstung im Erdreich. Tagsüber speichern sie die Wärme und geben sie später wieder ab.

Alle diese Eigenschaften der Steine machen sich die typischen Steingartenpflanzen zunutze; die polsterbildenden Pflanzen legen sich zum Teil über die Steine, wo sie Wärme finden; die Wurzeln wachsen unter die Steine, weil dort die benötigte Feuchtigkeit ist. Die Beschaffung der Steine wird oftmals nicht ganz einfach sein. Aber Gartenarchitekten und Landschaftsgärtner sind im allgemeinen in der Lage, Bezugsquellen nachzuweisen oder die Steine zu beschaffen. Die Preise sind natürlich – je nach Qualität und Seltenheit der Steine – unterschiedlich.

Kalkstein, Sand- oder Tuffstein oder Schiefer eignen sich zum Bau eines Steingartens am besten. Hartgestein wie Granit – in Norddeutschland als „Findlinge" bekannt – ist ebenfalls gut verwendbar.

Alle Steine sind in einer Richtung flach zu legen. Sie werden mindestens bis zur Hälfte ihrer Stärke fest in die Erde eingegraben, damit das Regenwasser sie nicht wegspülen kann. Im übrigen sehen nur oberflächlich in die Erde gedrückte Steine unnatürlich aus.

Da auch im Steingarten nicht alle Pflanzen auf dem gleichen Boden gedeihen, muß in den meisten Fällen der Boden ausgewechselt werden, dann können sich typische Trockenpflanzen neben Feuchtigkeitsliebenden gleich gut entfalten.

Steingartenpflanzen, die Kalk lieben, bekommen Kalk und kleine Kalksteine oder Bauschutt mit in die Pflanzenerde gemischt, außerdem Komposterde oder etwas Torf, der in diesem Boden die Feuchtigkeit hält. Bei Pflanzen, die eine saure Bodenreaktion lieben, wird Walderde, Nadelerde, Heide- und Moorerde an den Pflanzstellen eingearbeitet. Hierzu gehört vor allen Dingen auch Torf.

Was kann man nun alles in den Steingarten pflanzen? – Neben niedrigwachsenden Stauden, Zwerglaubgehölzen, Zwergnadelgehölzen und niederen Rosen eignen sich auch kleine Moorbeetpflanzen und Blumenzwiebeln. Um Ihnen ein paar Anregungen zu geben, hier eine kleine Pflanzenauswahl:

Stauden

Botanischer Name	Deutscher Name	Farbe	Blütezeit	Höhe cm
Achillea ageratifolia	Schafgarbe	weiß	Mai-Juli	20
Arabis alpina	Gänsekresse	rosa	Mai-Juni	15
Alyssum saxatile	Steinkraut	gelb	Mai-Juli	20
Armeria laucheana	Grasnelke	rosa	Mai-Juni	15
Aubrieta	Blaukissen	violett	April-Mai	10
Campanula	Glocken-blume	blau	Mai-Aug.	15
Gentiana	Enzian	blau	Mai-Juli	10
Iberis	Schleifen-blume	weiß	April-Mai	15
Phlox subulata	Polsterphlox	rosa	April-Juni	10
Saponaria	Seifenkraut	rosa	Mai-Juni	15
Sempervivum	Dachwurz	rot	Juni-Aug.	10
Sedum cauticolum	Fetthenne	rot	Juli-Sept.	15
Draba	Hunger-blümchen	gelb	März-April	10
Erica carnea	Schneeheide	rot, rosa, weiß	Winter	15
Iris pumila	Zwergiris	blau	Mai-Juni	10

Zwerglaubgehölze

Botanischer Name	Deutscher Name	Höhe cm
Dryas octopetala	Silberwurz	5–10
Acer palmatum	Japanischer Zierahorn	50–100
Amelanchier	Felsenbirne	100–300
Betula nana	Zwergbirke	30–50
Cotoneaster	Felsenmispel	20–40
Potentilla	Fingerkraut	30–70
Chaenomeles jap.	Scheinquitte	40–80
Lonicera nitida	Heckenkirsche	30–50
Euonymus nanus	Spindelbaum	20–50

Zwergnadelgehölze

Botanischer Name	Deutscher Name	Höhe cm
Chamaecyparis obtusa ‚Nana Pygmaea'	Zwergfeuerzypresse	30–60
Picea glauca ‚Conica'	Zuckerhutfichte	40–60
Picea pygmaea	Gnomfichte	40–60
Picea nidiformis	Nestfichte	20–40
Juniperus communis horizontalis	Wacholder (kriechender)	30–60
Pinus montana mughus	Krummholzkiefer (Latsche)	20–40

Moorbeetpflanzen

Botanischer Name	Deutscher Name	Höhe cm
Rhododendron praecox	Niedere Alpenrose	20–60
Andromeda ferruginea	Lavendelheide	40–100
Daphne cneorum	Rosmarienseidelbast	20–40
Pernettya mucronata	Torfmyrte	30–50
Kalmia latifolia	Lorbeerrose	20–30

Blumenzwiebeln und -knollen

Botanischer Name	Deutscher Name	Blütenfarbe
Galanthus	Schneeglöckchen	weiß
Eranthis	Winterling	gelb
Iris reticulata	Zwergiris	blau-violett
Iris danfordiae		gelb
Chionodoxa	Schneeglanz	weiß-blau
Scilla	Blaustern	blau
Tulipa	Botanische Tulpen	gelb, rot
Crocus	Krokus	gelb, weiß blau, gemischt
Muscari	Traubenhyazinthe	blau
Leucojum	Märzbecher	weiß
Ornithogalum	Milchstern	weiß
Fritillaria imerialis	Kaiserkrone	rotbraun
Fritillaria meleagris	Schachbrettblume	purpur

Zwergrosen, Zwergbengal- oder Miniaturrosen

Name	Blütenfarbe
„Baby Maskerade“	kupfergelb, dann kupferrot, dann strohgelb, dann pfirsich
„Bit O'Sunshine“	buttergelb
„Coralin“	korallenrot
„Eleanor“	rosa
„Lollipop“	leuchtendrot
„Starina“	lachsorange

Mit diesen Zwergen unter den Rosen können Sie einen Steingarten vom Juni bis zum Frostbeginn wundervoll beleben. Sie werden nicht höher als 20 cm, und damit sie als Farbklecks auch wirken, müssen sie immer in kleinen Gruppen gepflanzt werden. Auch hier spielt die Sonnenlage eine große Rolle, denn Rosen sind nun einmal „Sonnenkinder“.

Durch die wesentlich kleineren Pflanzflächen, die man ja im Steingarten gegenüber Beeten und Rabatten hat, braucht so ein Steingarten ständig eine ordnende Hand. Mit anderen Worten: er macht Arbeit, denn zu stark wachsende Pflanzen können leicht die anderen überwuchern und sie ersticken. Darauf muß man achtgeben, und wenn einige Pflanzen zu groß und zu breit werden, muß man sie teilen und wieder einpflanzen, wenn es sich um die polsterbildenden Stauden handelt. Bei Gehölzen kann man zur Schere greifen. Bei Pflanzstellen, an denen Pflanzen angesiedelt sind, die Torf vertragen, ist eine Bodendecke aus grobem Torf recht angebracht, denn er hält die Feuchtigkeit im Boden und schützt so die Erde vor dem Austrocknen.

Im Winter brauchen die Steingartenpflanzen eine leichte Abdeckung mit Fichtenreisern. Das ist lediglich ein Schutz vor den rauhen Winden und starken Temperaturschwankungen – erfrieren würden sie nicht.

Obst im Garten

Am einfachsten ist es für den Laien, sich zunächst mit dem Beerenobst zu beschäftigen. Dazu gehören die Erdbeeren, weiße, rote und schwarze Johannisbeeren, Stachelbeeren, Himbeeren und Brombeeren. Wer gern besonderen Liebhabereien nachgehen möchte, kann es auch mal mit der Kulturheidelbeere versuchen.

Junge Erdbeerpfanzen setzt man am besten im Spätsommer oder im Frühherbst. Dann gibt es im Sommer des nächsten Jahres bereits die erste Ernte. Begehen Sie nicht den Fehler und lassen Sie sich von „guten Bekannten“ die jungen Erdbeersetzlinge schenken. In den meisten Fällen handelt es sich dabei um „unbekannte Sorten von unbekannter Herkunft“.

Erdbeerjungpflanzen kauft man im Gartenfachgeschäft, im Spezialbetrieb, im Garten-Center oder man läßt sie sich von Versandbetrieben schicken.

Und wohin werden sie gepflanzt? – Immer an einen sonnigen Platz. Im allgemeinen legt man ein Erdbeerbeet so an, daß zwei Reihen 80 cm weit voneinander gepflanzt werden; in der Reihe beträgt der Pflanzabstand 25 cm.

Man kann mit Erdbeerpflanzen sogar Blumenbeete einfassen – dazu nimmt man aber dann die Monatserdbeeren, die keine Ausläufer bilden. Das sind Erdbeerpflanzen, die während der Sommer- und Herbstwochen blühen und Früchte bringen. Man erntet zwar nur kleine Früchte, so klein wie die Walderdbeeren, aber für die Kinder sind es ideale „Naschfrüchte“ frisch aus dem Garten.

Auch die Stachelbeere ist eine ausgesprochene Naschfrucht – deshalb genügen auch 2–3 Büsche für eine junge Familie. Pflanzen Sie keine Hochstämmchen oder Halbstämmchen, denn sie brauchen mehr Pflege als die Büsche, die sich immer wieder aus ihrem Wurzelstock heraus erneuern. Beim Kauf der jungen Stachelbeerpflanzen wählen Sie eine frühe Sorte (Hönings Früheste, gelb, große Früchte), dann eine rotfruchtige Sorte, die mittelfrüh reift (Rote Triumphbeere) und ebenfalls eine Sorte, die sich besonders zum Pflücken im halbreifen Stadium eignet (Grüne Kugel).

Im Gegensatz zu den roten und schwarzen Johannisbeeren sind die weißen sehr viel süßer und verlocken zum Rohessen. Das bedeutet nun nicht, daß die roten und schwarzen ausschließlich zur Saftbereitung verwendet werden könnten – es gibt viele Möglichkeiten, diese gesundheitsfördernden Beeren im Haushalt zu verarbeiten. Hier eine kleine Sortenempfehlung für Johannisbeeren:

Weißliche Früchte (Weiße Versailler)
Rote Früchte (Heros, früh, Heinemanns Spätlese)
Schwarze Früchte (Silvergieters Schwarze, Rosenthals Schwarze).

Himbeeren sind die aromatischsten aller Beerenfrüchte, und wer sie anpflanzen möchte, kann die Pflanzmethode gar nicht ernst genug nehmen.
Himbeeren sollte man so exakt am Drahtgerüst ziehen wie den Wein! Wenn Sie großen Wert auf eine gute Himbeerernte legen, dann tun Sie das und sorgen Sie dafür, daß Sie eine ertragreiche Himbeersorte bekommen, wie es die Sorte „Schönemann" ist. Sie ist besonders gut, denn sie bringt lange Ruten, ist kaum frostempfindlich und gegen Krankheiten nicht so anfällig wie andere Sorten.
Himbeeren sind die besten Gefrierfrüchte für die Tiefkühltruhe und als Nachspeise mit Himbeergeist oder Rum eine „delikate Überraschung".
Nur eines sollten Sie sich merken: Eine Himbeerreihe muß mindestens 10 m lang sein. Sie genügt, um den ersten Bedarf einer Familie an frischen Himbeeren zu decken.
Gleichfalls am Gerüst werden Brombeeren gezogen. Es gibt nur eine Sorte Brombeeren, deren Früchte wirklich den echten Brombeergeschmack haben, und das ist die rankende Sorte „Theodor Reimers".
Um Brombeeren zu kultivieren, braucht man aber Platz, und vor allen Dingen braucht man zur richtigen Pflege auch Zeit.
In den letzten Jahren werden namentlich von gärtnerischen Versandbetrieben Riesen-Heidelbeeren zur Anpflanzung in den Hausgärten und Kleingärten angeboten. Diese Riesen-Heidelbeere kommt aus den USA und gedeiht nur in einem typisch sauren Boden. In den Landschaften mit Moorböden macht es deshalb keine Schwierigkeiten, diese Riesen-Heidelbeere wie anderes Beerenobst auch anzupflanzen. In den Landschaften mit normalen Gartenböden, also Gesteinsverwitterungsböden, wächst die Riesen-Heidelbeere nicht. Nur dann, wenn diese Pflanze sich gewissermaßen in einer Pflanzgrube, die mit Torf, Walderde, Laub, Sand und Holzresten gefüllt ist, entwickeln kann, wird der Gartenbesitzer seine Freude an diesen Heidelbeerbüschen haben. Eine solche Pflanzgrube muß 1 qm groß und 60 cm tief sein. Was sehr entscheidend für das gute Wachstum der Riesen-Heidelbeerpflanzen ist – Wände und Boden der Pflanzgrube müssen mit Folien belegt werden, damit sich ein Einfluß des benachbarten Bodens auf den angefüllten Inhalt der Pflanzgrube nicht nachteilig bemerkbar machen kann. Geschieht das nicht, so wird es gar nicht lange dauern, bis die Wurzeln des Heidelbeerstrauches in den normalen, meist kalkhaltigen Gartenboden ragen und dann „streiken".

Nur wer viel Platz hat, kann sich einen Süßkirschenbaum im Garten leisten. Hier sieht man, daß so ein Baum in der Lage ist, einen großen Komposthaufen zu beschatten.

Steinobst, dazu gehören Süß- und Sauerkirschen, Pfirsiche, Aprikosen, Pflaumen, Zwetschgen, Mirabellen und Renekloden – bietet dem Gartenbesitzer die Möglichkeit „Naschobst" anzupflanzen. Mittlerweile gibt es sogar Baumschulen, die Naschobstbäume heranziehen. Auf e i n e m solchen Baum wachsen Pflaumen, Mirabellen, Renekloden und Zwetschgen. Für einen Naschobst-Buschbaum sollte eigentlich jeder Gartenbesitzer ein Plätzchen reservieren.
Pfirsiche und Aprikosen wachsen eigentlich nur im Weinklima, und in einem kleinen Garten gehören in solcher Gegend diese beiden Steinobststräucher ans Spalier. Ein Spaliergerüst wird meistens an der Südseite des Hauses angebracht und besteht aus einem Baustahlgewebe, das mit Kunststoff oder einer wetterfesten Farbe überzogen ist.
Wer Spalierobst anpflanzen will, muß bereit sein, sich auch die Kenntnisse über den Formierungsschnitt anzueignen, sonst gibt es nur Enttäuschungen, aber keine guten Ernten.

Sauerkirschenbüsche brauchen nicht viel Platz, aber sie liefern ein köstliches Obst, das sich vielseitig im Haushalt verwerten läßt.

Ein Pfirsichbusch am Rande der Rasenfläche, dessen Baumscheibe vom Frühjahr bis zum Herbst zum Blumenbeet „umfunktioniert" mit einem Sauerkirschenbusch (Schattenmorelle) erzielen. Wenn ein Süßkirschenbaum gepflanzt werden soll, dann wählen Sie einen Halbstamm und eine späte Sorte (Hedelfinger Riesen, Haumüller, Große Schwarze Knorpelkirsche).

Ein Nußbaum wird für einen kleinen Garten zu groß werden – es sei denn, er bekommt seinen Platz in einer Ecke des Gartens, wo er gleichzeitig den Kompostplatz überdeckt.

Haselnußsträucher sind schnellwachsende Umrandungspflanzen für den großen Garten und das Wochenendgrundstück. Wenn Sie Haselnußbüsche anpflanzen wollen, dann achten Sie darauf, daß auch die dunkelrotlaubige Bluthasel mit angepflanzt wird, denn sie sorgt durch ihren Blütenstaub dafür, daß auch die anderen grünlaubigen Sorten im Herbst Früchte bringen.

Haben Sie schon einmal einen Quittenbusch in einem Rasengarten gesehen – mitten im Rasen oder am Rand des Rasens? – Fast zu jeder Jahreszeit ist so ein Strauch ein Schmuckstück, vor dem Blattaustrieb, während der Blütezeit und erst recht dann, wenn sich die Früchte bilden, sich entwickeln und reifen. Quitten werden kaum von Schädlingen befallen.

Birnen und Äpfel sollte man in der heutigen Zeit in einem mittelgroßen Garten überhaupt nicht mehr anpflanzen – es sei denn, der Garten ist so groß – mindestens 500 qm – daß Äpfel- und Birnenbüsche als Drahtspalier gezogen werden können.

Birnen bringen nur dann wohlschmeckende Früchte, wenn sie sich im Weinbauklima entwickeln können.

Äpfelbüsche mit handelsüblichen Sorten gehören in keinen Familiengarten. Hier sollten die alten und ganz neuen Sorten aufgepflanzt werden, um sie kennen zu lernen.

Gemüse

Von allen Gemüsen ist heute das Salatgemüse am begehrtesten, denn es liefert die gesunde Kost, die frisch aus dem Garten, über die Zubereitung in der Küche, auf den Tisch kommt. Wie frisch und aromatisch schmeckt ein Tomatensalat, wenn dazu sonnengereifte Tomaten aus dem eigenen Garten genommen werden. – Haben Sie schon einmal einen festen Salatkopf am späten Vormittag geschnitten, dazu Petersilie, Schnittlauch und Zitronenmelisse, Borretsch und Dill? Und frische Radieschen zum Frühstück? –

Es ist ein guter Rat, wenn man sagt, eine kleine Gartenfläche sollte doch für diese Gartengenüsse vorbehalten werden, und vor allem für das „Salatgemüse". Zunächst sind das alle Salatarten wie Kopfsalat, Endivien, Feldsalat, Eissalat – aber auch viele Wurzelgemüse wie Radieschen, Rettich, Karotten und Möhren, Sellerie – und Fruchtgemüse wie Bohnen, Tomaten und Gurken. Alle diese Gemüsearten kann man als Salate zubereiten. Auch Zwiebelgemüse wie Lauch, Steckzwiebeln und Perlzwiebeln gehören dazu. Bei den seltener angebauten Gemüsearten eignen sich ebenfalls einige zur Salatherstellung, und das sind Paprika und Chicorée. Nun, diese beiden Außenseiter stellen auch qualifizierte Hobby-Gärtner vor gewisse Probleme. Aber sie können gemeistert werden, wenn zur Paprika-Kultur genügend Sonne vorhanden ist und bei Chicorée die Möglichkeit besteht, ihn zu „treiben".

Die Spargelkultur ist schon etwas aufwendiger, und abgesehen vom leichten Sandboden, den der Spargel braucht, ist sein Anbau auch eine Frage des Platzes.

Ein guter Ersatz dafür ist der Mangold, den es heute meist gar nicht mehr zu kaufen gibt. Ein Grund also, Mangold anzupflanzen, zumal er völlig anspruchslos ist und keine Arbeit macht.

Rhabarber ist zwar nicht immer gefragt und nicht jedermanns Sache, aber er liefert schon frühzeitig im Jahr eine willkommene Zu- oder Nachspeise. Da der Bedarf also nicht allzu groß ist, dürften zwei Rhabarberstauden für eine kleine Familie genügen.

Eine sehr rentable Gemüseproduktion im Garten läßt sich durch Stangenbohnen erreichen, denn sie brauchen nicht viel Fläche, da sie ja in die Höhe wachsen. Bei richtiger Pflege bringen Stangenbohnen ganz bedeutende Erträge, so daß ungefähr zwanzig Kletterstangen genügen, um einen Haushalt mit frischen Stangenbohnen zu versorgen.

Wenn von den verschiedenen Gemüsearten gesprochen wurde, die sich für den kleinen Garten eignen, dann waren das im Grunde genommen nur Anregungen, aber es fehlen die exakten Angaben zur Gemüsekultur selbst. Nun, die stehen auf den bunten Samentüten, die im Gartenfachgeschäft oder in der Samenhandlung angeboten werden.

Was für den Ziergarten gilt, betrifft auch das Gemüsequartier beziehungsweise die Gemüsebeete: man unternimmt nicht eher etwas in einem Garten, bevor man ihn nicht „auf dem Papier" aufgeteilt und eingeteilt hat.

Gemüsebeete gehören in die Sonne – es gibt ganz wenig Gemüsearten, die auch im leichten Schatten gedeihen.

Ein Gemüsebeet soll 1,20 m breit sein, die Länge richtet sich nach dem vorhandenen Platz. Zwischen zwei Beeten verläuft ein 30 cm breiter Fußpfad, der nicht nur die Beete voneinander trennt, sondern auch die Möglichkeit schafft, daß von diesem Pfad aus auf den Beeten gearbeitet werden kann: säen, pflanzen, jäten, düngen, wässern, ernten.

Um die Beete exakt herzurichten, braucht der Gartenbesitzer zwei Meßlatten mit Zentimetereinteilung und eine Gartenschnur. Sie soll 15–25 m lang sein und aus einem plastiküberzogenen starken Bindfaden bestehen. Die beiden Enden der Gartenschnur werden jeweils an einem 50 cm langen zugespitzten Rundpfahl befestigt. Je nach Bedarf kann die Schnur dann in der gewünschten Länge benutzt werden.

Nicht ohne Grund stehen auf den bunten Samentüten die Pflanz- und Reihenabstände der einzelnen Gemüsearten. Wer sich danach richtet, wird bei normalen Wachstumsbedingungen sicher den größten Erfolg haben.

Paprika braucht Wärme – nicht nur zum Reifen der Früchte, sondern schon frühzeitig bei der Anzucht, die im heizbaren Frühbeet oder im Gewächshaus erfolgen muß.

Für jede Aussaat und für jedes Auspflanzen wählen Sie immer die richtige Zeit! Aber w a n n ist die richtige Zeit? – wird sich der junge Gartenbesitzer fragen. Nun, das ist schwer zu beantworten, denn die Aussaatzeit ist meist von Jahr zu Jahr verschieden. Es handelt sich ja immer um die Witterungsverhältnisse, die in einem bestimmten Entwicklungsalter des Gemüsesamens, der Gemüsepflanze oder der Gemüsefrucht einen ganz entscheidenden Einfluß nehmen können. Die „richtige Zeit" zu wählen, ist Erfahrungssache.

Wer in seinem Garten Gemüse anbaut und dazu die eingeteilten Beete benutzt, sollte zusehen, daß sie niemals leerstehen. Sobald ein solches Beet abgeerntet ist, wird es umgegraben und neu eingesät, bzw. neu bepflanzt. Ein Karottenbeet z. B., in das früh ausgesät worden war, und das im Spätsommer schon abgeerntet wird, kann dann sofort mit Spinat eingesät werden. Er wird sich gut entwickeln, wenn bald kühle Nächte kommen und kann in den letzten

Auf dem Küchenkräuterbeet ist das begehrteste Würzgrün die Petersilie.

Septembertagen geerntet werden. Das Beet wird dann umgegraben und bei günstiger Witterung zum dritten Mal eingesät und zwar mit Feldsalat, der sich in den Spätherbstwochen und auch noch in milden Winterwochen entwickelt und im Februar nächsten Jahres geerntet werden kann. Nun geht es wieder von vorne los: Spinat und nach der Ernte Stangenbohnen oder Lauch. –
Es ist verständlich, daß bei so einer laufenden Gemüsekultur die Nährstoffe im Boden aufgebraucht werden. Hier heißt es, jeder Gemüseart genügend Düngergaben zu verabreichen, damit die letzten Kulturen nicht zu kurz kommen, man muß also hacken, düngen, wässern.

Das Kräuterbeet

Der Platz für das Kräuterbeet sollte so ausgewählt werden, daß es schnell, bequem und trockenen Fußes von der Küche aus zu erreichen ist, sofern es sich um einen Hausgarten handelt. Aber sonnig sollte es dort sein, denn außer der Petersilie, die eher den lichten Halbschatten liebt, mögen die allermeisten Küchenkräuter die Sonne. Ein sandig-humoser Gartenboden oder auch ein lehmig-humoser Boden ist ideal. Für viele Stadtbewohner, die über keinen Garten verfügen, können sogar einige Balkonkästen, die möglichst tief und breit sein sollten, ein Miniatur-Kräuterbeet darstellen.
Welche Kräuter liefern die Grundausstattung für ein Kräuterbeet? Zuerst muß da die Schnittpetersilie genannt werden, denn sie wird das ganze Jahr über in der Küche gebraucht. Bei günstiger Witterung kann sie schon Anfang März ausgesät werden, und wenn es keine Niederschläge gibt, ist es wichtig, dafür zu sorgen, daß der Boden stets gleichmäßig feucht ist. Trotzdem braucht man bei der Petersilie noch etwas – und das ist Geduld, denn es dauert 3–4 Wochen, bis sie aufläuft, also erscheint. Auch dann muß weiter gewässert werden, damit sich die Jungpflanzen gut entwickeln und später kräftige Petersilienbüschel geschnitten werden können.
Schnittlauch ist im Haushalt immer gefragt, und deshalb kann er auch mengenmäßig so angepflanzt werden, daß er nicht nur auf dem Kräuterbeet selbst wächst, sondern auch als Umrandungspflanzung für das Kräuterbeet verwendet wird.
In den Winterwochen gibt es Schnittlauch in Töpfen zu kaufen. Man kann beliebig davon schneiden, und im Frühjahr, wenn der Boden offen ist, setzt man die Stauden dann ins Kräuterbeet oder verwendet sie – wie schon gesagt – als Umrandungspflanzung. Schnittlauch kann man auch aussäen, aber im ersten Jahr wird man noch nichts davon ernten. Wichtig ist nur, daß beim Schnittlauch immer die Blütenstände, die in kugeligen lila Formen erscheinen, entfernt werden, damit die Pflanzen nicht zu sehr geschwächt weiterwachsen.
Die Zitronenmelisse ist eine Staude, die jedes Jahr wieder erscheint und frische grüne Blättchen liefert, die einen wundervollen Zitronengeschmack haben. Vorwiegend ist sie ein Würzgrün für Salate. E i n e Pflanze genügt vollauf für den Hausgebrauch, und man kann sie im Gartenfachgeschäft kaufen, – wenn nicht, muß man Zitronenmelisse aussäen und später auf eine Pflanze reduzieren.
Dill ist mit Vorsicht zu genießen, sowohl was die Aussaat betrifft als auch den Verbrauch. Es empfiehlt sich nicht, eine ganze Samentüte Dill auszusäen, wenn man immer frischen Dill haben möchte. Viel besser ist es, in Abständen von vier Wochen immer einmal ein wenig Dillsamen in den Boden zu bringen, um damit ständig frisches Dillgrün zum Würzen für Salate und Soßen zur Verfügung

zu haben. Zum Einlegen von Gurken läßt man einige Dillpflanzen hochwachsen und auch blühen und fruchten, dann hat man für diesen Zweck das entsprechende Gewürz zur Hand.
Borretsch sät man auch nicht in großen Mengen aus, denn er ist sehr ausgiebig und vermehrt sich übrigens selbst, wenn man ihn bis zum Samenstand kommen läßt.
Bohnenkraut, das sagt schon der Name, wird zu jedem frischen oder gekochten Bohnengericht gebraucht. Es wird im Frühjahr ausgesät, und wenn man es trocknen und aufbewahren möchte, dann sollte man es im August schneiden, an einem halbschattigen Platz aufhängen und in geschlossenen Gläsern aufbewahren.
Sauerampfer braucht man praktisch nur einmal auszusäen. Er entwickelt sich zu beachtlichem Umfang und sät sich immer wieder von selbst aus, so daß man eher aufpassen muß, daß er nicht vom ganzen Küchenbeet Besitz ergreift.
Liebstöckel ist ein Suppengewürz und wird im Volksmund auch Maggikraut genannt. Eine Staude genügt, und wenn man ein Teilstück pflanzt, bringt es schon im folgenden Jahr genügend Würzgrün für eine ganze Familie.
Obwohl noch viele andere Würzkräuter erwähnt werden könnten, wie Majoran und Thymian, Estragon und Waldmeister, um den jungen Gartenfreund für das Küchenbeet zu begeistern, so sollten doch auch Sellerie, Lauch, Zwiebeln und Knoblauch nicht vergessen werden, denn davon braucht die Hausfrau zum Kochen und Würzen immer ein wenig.
Sellerie gehört dazu – sechs Pflänzchen reichen schon für den Hausgebrauch. Von Lauch oder Porré sollte man vielleicht zehn bis zwölf Pflanzen haben, die bei Bedarf zur Verfügung stehen.
Steckzwiebeln liefern das erste Zwiebelgrün, und wenn zwanzig kleine Zwiebelchen in den Boden gesteckt werden, so ist das schon ausreichend.
Knoblauch ist zwar nicht jedermanns Sache – aber man kann ihn einfach, da die Zwiebel aus kleinen „Zehen“ besteht, alljährlich mit den einzelnen kleinen Zwiebelchen neu setzen, genau wie die Steckzwiebeln. Es kann allerdings passieren, daß der Knoblauch immer wieder zum Vorschein kommt, weil er sich selbst vermehrt. Aber auch das Knoblauchgrün genügt schon, um Salate und Suppen würzig und appetitanregend zu machen.
Soviel über die Würzkräuter im Garten.

IV. Die Pflegearbeiten im Garten

Bodenbearbeitung und Düngung

Zur Bodenbearbeitung gehören – grob gesagt – das Graben, das Harken oder Rechen und das Hacken. Alle diese Arbeiten sind natürlich jahreszeitlich bedingt. Das Wichtigste ist zweifellos das Umgraben. Es sollte unbedingt im Herbst erfolgen und zwar spatentief, also etwa 25 cm, und grobschollig, so daß die oberste Schicht des Erdreichs nach unten kommt und die unterste nach oben. So bleiben die Schollen liegen, damit die Winterfeuchtigkeit ins Erdreich ziehen kann. Der Schnee sammelt sich in dem grobschollig gegrabenen Land, zieht bei tauendem Wetter ins Erdreich ein und sorgt dadurch für eine gute Bodenfeuchtigkeit. Durch Frosteinwirkung in Verbindung mit dem Eindringen des Wassers wird eine gute Krümelstruktur erreicht, das Bakterienleben wird begünstigt, der Boden ist gut durchlüftet und für die Pflanzenwurzeln nun besonders geeignet.

Alle Beete und Rabatten sind für eine ständige Bodenlockerung sehr dankbar. Sie kann mit der Hacke oder mit dem Kultivator vorgenommen werden.

Im Frühjahr sollte man nur stagnierend nasse Böden umgraben oder solche Flächen, die im Herbst bzw. im Winter noch mit Kulturen bestellt waren. Im Frühjahr wird nicht grobschollig umgegraben, sondern nur kurz, wobei die Schollen beim Umgraben gleich mit dem Spaten zerkleinert werden. – Bei jeglichem Graben entfernt man Steine, Unrat und alle Wurzelunkräuter.

Durch Harken oder Rechen erfolgt die Glättung der gegrabenen Flächen, wobei schwere Böden mit dem Eisenrechen und die leichten mit dem Holzrechen geglättet werden. Es ist wichtig immer daran zu denken, daß ein Glätten nur dann möglich ist, wenn der Boden leicht abgetrocknet ist; also die Erde nicht mehr zwischen den Zinken kleben bleibt. Boden, der noch klumpt, kann nicht geglättet werden; er ist ohnedies nur schwer zu begehen, und außerdem würde dadurch eine zu starke Bodenverdichtung entstehen.

Im ganzen Jahresablauf ist das Hacken unerläßlich. Der Kulturzustand eines Bodens wird dadurch verbessert – der Boden wird belüftet, eine Verkrustung vermieden, die Bildung der Bodengare wird begünstigt und verbessert.

Zum Hacken werden moderne Hackgeräte genommen, mit denen man aufrecht gehend arbeiten kann. Alte herkömmliche Schlaghacken erschweren nur diese Arbeit.

Hacken trägt im wesentlichen dazu bei, daß sich die Pflanzen wohlfühlen und ein gesundes, flottes Wachstum zeigen. Außerdem sind die Erträge im Nutzgarten natürlich wesentlich höher.

Unkräuter werden durch das Hacken zurückgehalten, Samenbildung der Unkräuter wird vermieden und der Regen kann besser in das aufgelockerte Erdreich eindringen.

Düngung

Eine richtig vorgenommene Düngung dient zur Ergänzung der Nährstoffe, die dem Boden durch die Bepflanzungen entzogen worden sind. Wenn die Bodenbearbeitung vorschriftsmäßig durchgeführt wurde, sind die Böden in einem guten Garezustand und halten somit auch den Dünger. In ungepflegten Böden jedoch versickern die neu zugeführten Nährstoffe im Untergrund.

Es gilt zu bedenken, daß sich jede Düngung nach der Bepflanzung richtet, nach dem jeweiligen Bedarf, nach dem Untergrund und nach der Wirkungsbreite.

Vor dem Kauf von Düngemitteln muß man sich über deren Wirkungsweise im einzelnen genau informieren. Die Hauptnährstoffe in jedem Dünger sind Stickstoff, Kali Phosphorsäure und Kalk. Stickstoff sorgt für die Laubentwicklung, Kali bewirkt die Festigung und Kräftigung des Pflanzengewebes, Phosphorsäure fördert die Samen- und Fruchtbildung bzw. die Holzreife, und Kalk sorgt sowohl für die Gewebefestigung, als auch für ein gesundes Bodenleben. Es gibt organische Dünger und mineralische Dünger. Bei den organischen Düngern handelt es sich um Mischdünger mit großer Wirkungsbreite. Sie werden gut vom Boden aufgenommen. Man kann sie ganzjährig und bei jeder Witterung anwenden.

Die mineralischen Dünger oder Handelsdünger sind Volldünger in gutem Mischverhältnis, vielfach mit einseitiger Wirkungsbreite. Sie sind bodenmäßig verschieden anwendbar, aber witterungsabhängig, das heißt, man darf sie nicht bei Feuchtigkeit und Regen ausstreuen.

Die Torfmischdünger sind heute aus dem Garten gar nicht mehr wegzudenken. Man kann bequem und leicht mit ihnen umgehen, muß aber beachten, daß es sich nicht um reinen Torf, sondern um mit mineralischen Düngern angereicherten Torf handelt. Wenn später eine Kompostwirtschaft betrieben wird, kann hier der Kompost die Düngung und Humuszufuhr wirkungsvoll ergänzen.

Jeder Dünger muß immer in der richtig abgewogenen Menge gegeben werden, wobei ein Zuviel genauso nachteilig ist wie ein Zuwenig. In jedem Falle ist dem Bedürfnis des Bodens entsprechend zu düngen. Bei einer Überdüngung werden die Pflanzen zu mastig, sind nicht mehr widerstandsfähig und fangen zu kränkeln und zu faulen an. Abgesehen von den Pflanzen im Ziergarten, ist infolge von Überdüngung die Haltbarkeit von Gemüse in Frage gestellt, die Früchte werden anfällig, und auch Verbrennungsschäden an den Pflanzen und Pflanzenwurzeln sind oftmals die Folge.

Tierische Schädlinge und Pilzkrankheiten

Es ist natürlich klar, daß gesunde und kräftige Pflanzen weniger von Schädlingen und Krankheiten heimgesucht werden als solche, die kränkeln und schwach sind. Die allererste vorbeugende Maßnahme, Krankheits- und Schädlingsbefall nach Kräften zu verhindern, besteht darin, den Pflanzen gute Bodenverhältnisse zu geben, richtige Pflanzweiten einzuhalten, ihnen Nahrung durch Düngung zukommen zu lassen und somit allgemein gesunde natürliche Grundlagen zum Wachsen und Gedeihen zu schaffen.

Nicht immer müssen es Pilzkrankheiten und Schädlinge sein, die den Pflanzen zu schaffen machen und sie „krank" aussehen lassen. Oftmals können auch Wasserüberschuß oder Wassermangel, Nährstoffüberschuß oder Nährstoffmangel, Sauerstoffmangel und fehlende Wärme im Boden die Ursache sein.

Für den jungen Gartenbesitzer sind wohl die häufigsten tierischen Schädlinge die Blättläuse in den verschiedensten Arten. Aber auch Raupen, Käfer und Nagetiere wie Wühlmaus und Maulwurf können großen Schaden im Garten anrichten. Zur Bekämpfung der tierischen Schädlinge gibt es verschiedene Möglichkeiten. Neben Fraßgiften und Berührungsgiften kann man Vergasungsmittel, Fallen und Ködermittel anwenden.

Alle Schädlingsbekämpfungsmittel dürfen aber nur nach der angegebenen Gebrauchsanweisung benutzt werden, und vor allem sind dann auch die vorgeschriebenen Schutzmaßnahmen zu beachten.

Parasitäre Erkrankungen wie Pilze, Virus und Bakterien sind zum Teil außen an den Pflanzen sichtbar – aber sie können sich auch im Inneren der Pflanze entwickeln. In einem solchen Fall ist der Virus oftmals lange Zeit nicht erkennbar, – und deshalb schon sollte eine vorbeugende Bekämpfung vorgenommen werden.

Die direkte Bekämpfung von parasitären Erkrankungen erfolgt durch Kupfer- oder Schwefelmittel und auch durch kombinierte Mittel in flüssiger oder staubartiger Form. Diese Mittel müssen in möglichst feiner Verteilung auf die Pflanzen gebracht werden.

Allgemein gesagt, ist das Vorbeugen besser als das Heilen, denn nur von gesunden Pflanzen kann ein gutes Wachstum ausgehen. So müssen auch Bodenbeschaffenheit, Bodenpflege, zeitmäßig richtige Düngung und das Vermeiden von Wachstumsstockungen als Kulturmaßnahmen parallel mit der Schädlingsbekämpfung laufen.

Wenn ältere Bäume längere Zeit nicht ausgelichtet und zurückgeschnitten werden, gibt es zu viele beblätterte Äste, die kein Licht mehr in die Baumkrone eindringen lassen. Ein radikaler Rückschnitt schafft hier wieder Ordnung.

Umgang mit Bäumen

Wenn Sie noch nie einen Baum gepflanzt haben, dann müssen Sie sich folgendes merken: Jeder Baum, ob es sich um einen kleinkronigen Baum oder um einen Großkronigen oder um einen Nadelbaum handelt, braucht eine Baumgrube, in der er in den ersten Jahren in einem lockeren Boden anwachsen kann. Diese Baumgrube soll ungefähr 60 cm tief und 80–100 cm breit und lang sein. Mit Spaten und Schaufel wird das Erdreich ausgegraben und neben die Grube geworfen. In die Grube kommt nicht etwa dann der Baum mit seinem Wurzelballen, sondern als erstes ein Baumpfahl. Er wird noch 10–20 cm in den Grubenboden geschlagen, der dann gut gelockert und herausgeworfen wird. Ist die Erde zu fest, muß sie mit Sand und feuchtem Torf etwas verfeinert werden. Diese Erde wird bereitgehalten, um sie dann einzufüllen, sobald der Baum mit seinem Wurzelballen in die Grube gesetzt worden ist. Vergessen Sie dann nicht, das Tuch, das den Pflanzballen festhält, zu entknoten und aufzuschlagen. Es bleibt liegen und wird mit zugeschüttet, aber nur dann, wenn es aus Sackleinen besteht, das mit der Zeit verrottet.

Wie tief soll so ein Baum in die Grube gepflanzt werden? – Fachleute raten: so tief, wie er in der Baumschule gestanden hat. Aber welcher Laie kann das schon erkennen? Halten Sie sich an folgende Erfahrung: einen Baum nie zu tief pflanzen, die Baumwurzeln brauchen Luft und Feuchtigkeit, und die werden ihnen nur in der obersten Bodenschicht von ungefähr 30 cm geboten.

Wichtig ist auch, w i e der Baum an den Pfahl gebunden wird, denn wenn der Pfahl hinter dem Baumstamm steht und der Westwind drückt ihn dagegen, so bleibt es nicht aus, daß der Pfahl am Baumstamm scheuert. Das gibt Wunden die das Wachstum stören. Ein Baum steht immer hinter dem Baumpfahl, wobei man sich nach der Hauptwindrichtung orientieren muß. Angebunden wird der Baum oben unterhalb der Krone – dazu nimmt man einen Kokosstrick und macht zwischen Baum und Pfahl eine 8-er Schleife, die wie ein Polster wirkt, so daß nichts scheuern kann.

Sobald der Baum im Erdreich sitzt, wird es rundum leicht angetreten und tüchtig gewässert. Anschließend wird die Baumgrubenfläche, die man „Baumscheibe" nennt, 10 cm hoch mit feuchtem Torf abgedeckt.

Nadelbäume, deren Stämme ja oft mit Zweigen besetzt sind, können nur schwer an einen senkrechten Baumpfahl angebunden werden. In diesem Fall wird der Baumpfahl schräg an den Nadelbaum angelegt und festgebunden, nachdem er vorher in der gleichen Richtung in den Boden eingeschlagen worden war. Auch hier wieder an die 8-er Schleifen denken!

Gedüngt wird ein Baum beim Pflanzen überhaupt nicht – erst wenn er nach einem Jahr angewachsen ist, kann er auf verschiedene Arten mit Nährstoffen versorgt werden.

Es ist sehr wirkungsvoll die Baumscheibe mit Torfmischdünger zu belegen und immer darauf zu achten, daß der Torf feucht ist. Noch besser ist es, unterhalb der Baumkrone 30 cm tiefe Löcher mit einem Pfahl oder Eisen in den Boden zu schlagen, sie mit Torf zu füllen und diese Füllung mit einer Nährlösung aus einem Volldünger zu versorgen. Auf diese Weise kommen die Pflanzenwurzeln sehr schnell zur Aufnahme der Nährstoffe. Im Laufe der Jahre entwickeln sich die Bäume in die Höhe und in die Breite. Nicht immer kann man Bäume so wachsen lassen, wie sie das gerne möchten, denn dann baut sich die Krone zu locker auf, und ein Baum muß ein festes Astgerüst haben, damit später keine Äste herausbre-

chen können. – Je früher ein Baum mit Spitzentrieb und vier bis fünf Seitentrieben formiert wird, um so vollkommener entwickelt sich dann die Krone.
Schließlich kommt aber doch einmal die Zeit, wo ein Baum etwas zurückgesetzt werden muß. Das gilt vor allen Dingen bei Birken im kleinen Garten. Haben Sie nur Mut, in den Winterwochen die Spitze der Birke „auf einen Nebenast zurückzunehmen". Dieser schräg nach außen wachsende Seitenast bildet dann die Baumspitze. Im Laufe der Zeit wird sich allerdings wieder ein neuer Spitzentrieb bilden, aber das braucht Zeit – und in dieser Zeit wächst der Baum aus.
Kranke Stellen am Baum werden immer mit einem scharfen Schnittwerkzeug bis ins gesunde Holz hinein ausgeschnitten und dann ebenfalls mit einem Wundverschlußmittel bestrichen.
Ein Baum, der sich entwickelt, bringt im vorgerückten Alter auch dürre Äste. Man sollte nicht warten, bis ein Sturm sie herunterbricht, sondern die Äste rechtzeitig aus der Baumkrone heraussägen. Es kann immer sein, daß sie krank sind und beim Verbleiben auch die gesunden Äste anstecken könnten. Also – weg damit!

Umgang mit Sträuchern

Gepflanzt wird im Herbst oder im Frühjahr.
Hier gilt die gleiche Empfehlung zur Pflanzung wie bei den Bäumen – mit der einen Ausnahme, daß die Sträucher meistens ohne eine so gründlich vorbereitete Pflanzgrube gepflanzt werden können. Sie brauchen auch keinen Haltepfahl, solange es sich um junge Sträucher ohne ausgeprägten Wurzelballen handelt. Was die Düngung anbelangt, gilt das gleiche wie bei den Bäumen. Äußerst wichtig allerdings sind die Informationen über den Schnitt der Sträucher, denn die Schnittzeit richtet sich nach der Zeit der Blüte.
Hier gibt es eine leicht zu merkende Faustregel: Frühblühende Sträucher werden spät geschnitten und spätblühende Sträucher früh! Das heißt, die frühblühenden Sträucher kann man gleich nach der Blüte zurückschneiden oder ein wenig später – aber die spätblühenden werden im zeitigen Frühjahr noch vor dem Austrieb geschnitten. Der Grund dafür ist einfach, denn Blüten und Früchte gibt es nur am jungen Holz, also muß der Schnitt so durchgeführt werden, daß an einem Strauch möglichst viel junges Holz heranwächst. Wenn man so verfährt, dann kommt es auch zu keiner „Überalterung" der Sträucher. In den ersten 4–5 Jahren nach der Pflanzung braucht überhaupt nichts geschnitten zu werden – da läßt man so einen Strauch wachsen, – aber dann ist es so weit, daß die alten Triebe unten am Wurzelhals herausgeschnitten werden müssen und andere ein Stück höher. Zum Schneiden selbst bleibt zu sagen, daß der einzelne Trieb immer dort abgeschnitten wird, wo eine Knospe nach außen steht. Damit wächst aus der Knospe auch der Trieb nach außen, der Strauch bekommt einen lockeren Aufbau und wird nicht von innen her verkahlen.
Achten Sie beim Rückschnitt und Auslichtungsschnitt immer auf den Spitzentrieb, der den Strauch gewissermaßen lenkt. Er muß der Hervorragende unter den Trieben sein und muß es auch nach dem Schnitt bleiben.
Die beste Empfehlung, sofern sich ein Gartenneuling viel mit Obstgehölzen beschäftigen möchte ist die, einen „Schnittkursus" mitzumachen. Kleingarten-Organisationen und obstbauliche Liebhabervereine führen solche Schnittkurse durch. Nicht theoretisch, sondern an praktischen Beispielen.

Umgang mit Stauden

Stauden sind bekanntlich Blütenpflanzen, die dauernd im Boden bleiben, im Herbst absterben und im Frühjahr wieder austreiben. Weil das Jahr für Jahr so geht, werden die Staudenpflanzen auch größer und müssen geteilt werden. Solche „Ableger" verschenkt man dann gern „über den Gartenzaun". Das ist zwar für manchen jungen Gartenbesitzer zunächst ganz erfreulich, denn dann hat er gleich „etwas Blühendes". Der Nachteil aber ist, daß da irgendwo hingesetzt ein, zwei Stauden blühen, aber als Staudenbeet kann man so etwas nicht bezeichnen.
Stauden sollten immer in Gruppen gepflanzt werden, zu sieben bis neun oder gar fünfzehn Pflanzen, damit es zur Blütezeit einen wirklichen Farbeffekt gibt.
Bei einem Staudenbeet müssen Sie sich damit abfinden, daß es ein wenig mehr Arbeit macht, wenn es ordentlich aussehen soll. Bei den niederen Stauden, die als Wegeinfassung dienen, im Steingarten oder an der Trockenmauer stehen, ist lediglich darauf zu achten, daß sie die anderen Pflanzen nicht bedrängen oder gar überwuchern. Hier ist das Abstechen oder auch Teilen der Pflanzen absolut am Platze.
Bei mittelhoch- und hochwachsenden Stauden besteht natürlich immer die Gefahr, daß sie sich ausbreiten, zu üppig werden und andere Pflanzen zu überwuchern drohen. So ist bei den Stauden oberstes Gebot, immer darauf zu achten, daß sie im Zaum gehalten werden.

Abgeblühte Staudenblumen müssen gleich herausgeschnitten werden, damit sie keine Samen bilden und die Pflanze nicht schwächen.

Bei den hochwachsenden Stauden läßt es sich nie vermeiden, daß sie eingeringt und somit auf ihren Platz verwiesen werden. Dafür gibt es Staudenringe, die man im Gartenfachgeschäft kaufen kann. Wenn man sie verwendet, dann sollten sie immer so angebracht sein, daß sie *unter* den Blättern die Stengel festhalten und dadurch unsichtbar bleiben. So sind sie immer noch besser als große Haltestäbe, die neben den Pflanzen angebunden werden. Abgeblühte Stauden schneidet man sofort nach der Blüte etwa 10 cm über dem Erdreich ab. Sie müssen sich merken, niemals eine Staude direkt über dem Boden abzuschneiden, denn sonst kann es passieren, daß Regen und Feuchtigkeit in die Stengel eindringen und dadurch die Pflanze am Wurzelhals fault und unter Umständen abstirbt.

Wissen Sie wie man eine Staude teilt? –

Man nimmt die Pflanze mit dem gesamten Wurzelballen aus der Erde und sticht mit einem scharfen Spaten den Wurzelstock auseinander. Dabei ist es wichtig, daß jedes Teilstück genügend Wurzeln zum Anwachsen hat. Sie werden dann an der Stelle, wo sie wachsen und blühen sollen, gepflanzt.

Die Düngung der Stauden erfolgt im zeitigen Frühjahr, und zwar streut man zwischen den Pflanzen oder auf der gesamten Rabatte Manural oder Huminal aus (Torfmischdünger) und häckelt es leicht ein. Die frühblühenden Stauden werden nach der Blüte gleich noch einmal gedüngt; hier nimmt man einen organischen Volldünger, 40 Gramm pro Quadratmeter.

Umgang mit Sommerblumen

Wenn Sie sich mit dieser recht großen Pflanzenfamilie beschäftigen wollen, dann beginnen Sie damit, solche Sommerblumen an Ort und Stelle auszusäen, dort wo sie auch blühen sollen. Dazu muß der Boden gut vorbereitet werden, das heißt, er wird mit der Grabgabel umgestochen und mit feuchtem Torf untermischt, wobei man schweren Boden zur Lockerung noch mit etwas Sand mischt.

Ein Boden, der von jeher schon Gartenboden war, hat diese Verbesserung nicht nötig.

Alle Sommerblumen brauchen viel Sonne und eine gewisse Feuchtigkeit im Boden, dann können sich die Dünger leicht auflösen und für die Entwicklung der Pflanzen zur Verfügung stehen.

Die nächste Station beim Umgang mit Sommerblumen liegt beim Gärtner, der Sommerblumenjungpflanzen zum Verkauf an Gartenbesitzer, Kleingärtner, Wochenendgärtner und Freizeitgärtner anbietet. Hier handelt es sich meistens um solche Sommerblumen, die im Gewächshaus oder im Frühbeetkasten zum Auspflanzen angezogen wurden. – Diese Pflänzchen werden an den Platz gepflanzt, wo sie auch bis zum Abräumen verbleiben sollen: auf Beete und Rabatten, als Lückenbüßer im Steingarten, als Begrenzungspflanzung und vor allem als Blumenschmuckpflanzen für Balkonkästen, Schalen und Kübel.

Die Pflege der im Garten ausgepflanzten Sommerblumen erstreckt sich über Wässern – wenn es nicht regnet – Düngung mit einem Volldünger und Häckeln, um das Unkraut zu beseitigen und den Boden offen zu halten. Gegen Pilz- oder Schädlingsbefall sollte man, wenn die Pflanzen kräftig und ausgewachsen dastehen, vorbeugend ein kombiniertes Bekämpfungsmittel spritzen, dann bleiben sie gesund.

Bei den Sommerblumen, die in Blumenschmuckbehälter gepflanzt werden, ist das Füllmaterial zunächst das wichtigste. Früher wurde extra „Blumenerde“ dafür gemischt, man bekommt auch Erde für

Balkonkästen usw. zu kaufen – aber zweifellos ist heute die einfachste Methode zur Füllung der Behälter die Verwendung von TKS 2. Das ist ein Torf-Kultur-Substrat, was bereits mit Vorratsdüngern angereichert ist. Dabei empfiehlt es sich, als Bodenauflage eine Schicht aus geperltem oder geflocktem Kunststoff zu legen und darauf dann das TKS 2 zu füllen. Die Kunststoffschicht wird vorher so intensiv befeuchtet, daß sie laufend an die Torfschicht Wasser abgibt, wodurch das ständige Gießen entfällt. Man muß halt dann einmal „tiefer schürfen" und mit der Hand in den Behälter fahren, um zu prüfen, ob das Substrat im Wurzelbereich der Pflanzen noch feucht genug ist.

Gedüngt werden diese Pflanzen Anfang bis Ende Juni, nachdem die im TKS 2 vorhandenen Nährstoffe aufgebraucht sind. Das kann mit einem Volldünger geschehen oder auch mit einem organischen Mischdünger. Nach weiteren 3–4 Wochen wird die nächste Düngergabe verabreicht, und wenn die Spätsommer- und Herbstwochen noch sehr sonnig und trocken sind, dann lohnt sogar eine weitere Nährstoffgabe.

Auch hier ist es wichtig, vorbeugend gegen Krankheiten und Schädlinge zu spritzen.

Es gibt auch Sommerblumen, die zwei Jahre zu ihrer Entwicklung brauchen, bis sie blühen. Man nennt sie Zweijahrsblumen, und dazu gehören beispielsweise u. a. Stiefmütterchen, Goldlack, Vergißmeinnicht, Malven.

Diese Zweijahrsblumen werden im Sommer ausgesät, pikiert, und kommen dann als junge Pflänzchen an den Ort, wo sie später blühen sollen.

Umgang mit Blumenzwiebeln und -Knollen

Blumenzwiebeln, die typische Frühjahrsblüher sind, wie Tulpen, Narzissen, Hyazinthen und der ganze „Blumenzwiebelkleinkram" werden im Herbst in den Boden gebracht.

Blumenknollen wie Dahlien z. B. kommen erst im zeitigen Frühjahr in den Boden, etwa im April.

Auch Blumenzwiebeln brauchen einen humusreichen, durchlässigen Boden, denn auf schweren, nassen Böden, die kalt sind, faulen die Zwiebeln. Damit Schädlinge und Krankheiten – wie beispielsweise Mäuse oder Fäulnis – die Blumenzwiebeln im Boden nicht zerstören können, bestreut man die Fläche, die bepflanzt werden soll, mit Brassicol, das ganz flach in den Boden eingearbeitet wird.

Zum Einsetzen der Zwiebeln genügt ein Handspaten, mit dem man ein Pflanzloch gräbt und die Zwiebeln so tief in den Boden setzt, daß sie etwa zweimal so tief wie sie selbst groß sind in die Erde kommen. Das ist natürlich eine „Faustregel", aber auf der Samentüte sind weitere spezielle Hinweise angegeben.

In leichteren Böden sollte man nach dem Pflanzen der Blumenzwiebeln die Fläche gießen. Der Boden wird feucht, begünstigt das Wurzelwachstum der Blumenzwiebeln und umschließt sie mit Erde.

Wenn aber die Tulpen und Narzissen und die vielen anderen Blumenzwiebeln abgeblüht sind? – Nun, dann schneidet man bei allen abgeblühten Blumenzwiebeln die Stengel heraus, um eine Samenbildung zu vermeiden. Das Laub der Blumenzwiebeln darf auf keinen Fall abgeschnitten werden; es muß langsam einziehen, denn es ernährt die Zwiebel im Boden, die Kraft für die nächste Blüte im Frühjahr sammeln muß.

Auch Dahlien, Gladiolen, Knollenbegonien und Lilien brauchen ihre Pflege; dazu einige Empfehlungen:

Dahlien haben den großen Vorteil, daß sie fast in jedem Boden wachsen – nur nicht dort, wo es naß und sumpfig ist.

Wenn die Dahlienknollen im Frühjahr in den Boden kommen, genügt es mit dem Spaten oder dem Handspaten eine kleine Pflanzgrube auszuheben, die 10–15 cm tief ist. Dahinein wird die Dahlienknolle gelegt und mit Erde bedeckt.

Im Spätherbst ist es dann soweit, daß die Dahlienknollen „geerntet" werden können. Man schneidet zunächst alle Stengel über dem Erdboden ab und nimmt dann die Knollen mit der Grabgabel aus dem Boden. Die Erde wird abgeschüttelt, und dann legt man die Knollen auf eine Torfunterlage in den Keller. Es kann nicht schaden, sie gegen Fäulnisbakterien einzustäuben. Der Überwinterungsraum soll trocken, luftig und mindestens 5 Grad C warm sein. Ist die Temperatur wesentlich höher, dann schrumpfen die Knollen ein und werden unbrauchbar.

Gladiolen gedeihen gut in einem durchlässigen Boden, der in der vollen Sonne liegt. Wenn Sie im April-Mai Gladiolenknollen pflanzen, dann nehmen Sie nur große Knollen, denn sie bringen auch die schönsten Blüten. Gepflanzt wird 10 cm tief im Abstand von 20 cm von Knolle zu Knolle. Ist die Zeit gekommen, wo die Blütenstengel für die Vasen geschnitten werden können, dann achten Sie darauf, daß möglichst viele Blätter an der einzelnen Gladiolenpflanze verbleiben, denn sie helfen mit, die sich im Boden bildenden jungen Knollen zu ernähren.

Wenn im Herbst die Blätter gelb werden, nimmt man die Gladiolen mit der Grabgabel aus der Erde und trocknet sie an einem regensicheren Platz. Ist das erfolgt, werden die Stengel abgeschnitten, die Knollen geputzt und im Keller auf einem trockenen Torfbett frostfrei gelagert.

Umgang mit Rasen

Über die Bodenvorbereitung, die Auswahl des Grassamens und die Arbeit des Aussäens ist im Kapitel „Rasenflächen" schon alles gesagt worden.

Wenn es jetzt hier um die Pflege des Rasens geht, dann sollte der junge Gartenbesitzer wissen, was es jahreszeitlich gemäß zu tun gibt. Fangen wir mit dem Frühjahr an: Da wird der Rasen mit dem Drahtbesen ganz scharf ausgerecht – und zwar so stark, daß sich dabei nicht nur das Moos löst und entfernt wird, sondern auch der Boden richtig belüftet wird. Ausgewinterte Stellen, das sind vielleicht kleine Fleckchen im Rasen, die kahl sind, müssen nachgesät werden. Der bereits gelockerte Boden wird noch ein wenig mit feuchtem Torf bestreut, dann wird eingesät und festgetreten. Nun muß der Rasen gedüngt werden. Das erfolgt mit organischen oder mineralischen Düngern oder mit Torfmischdüngern. Der erste Rasenschnitt wird vorgenommen, wenn das Gras etwa 5–7 cm hoch geworden ist. Stellen Sie aber Ihren Rasenmäher so ein, daß der Rasen nur auf 2–3 cm Länge geschnitten wird, – man weiß ja nie, was die Witterung noch bringen kann!

Der Rasen muß das ganze Jahr über gepflegt werden. Mähen, Rechen, Moos auskratzen, Düngen und Wässern sind hier die wichtigsten Arbeiten. Aber auch im Herbst, wenn das Laub fällt, gibt es noch viel zu tun, weil das Laub nicht auf dem Rasen liegen bleiben darf.

Im Sommer sollte in unseren Breitengraden der Rasen alle acht Tage einmal geschnitten werden. Bei den Unkräutern, die unweigerlich auftreten, muß man natürlich wissen, ob es sich um einjährige oder mehrjährige Unkräuter handelt. Einjährige Unkräuter kann man leicht mit Wuchshormonmitteln bekämpfen – bei den Mehrjährigen genügt beim jungen Rasen zunächst das Ausstechen mit einem scharfen Messer – aber auch hier gibt es chemische Mittel, solchen Rasenunkräutern zuleibe zu rücken. Fragen Sie im Gartenfachgeschäft.

Leider gibt es auch tierische Schädlinge, die sich im Rasen zu schaffen machen. Da ist der Maulwurf, der nicht unbedingt als Schädling anzusprechen ist, aber die Wühlmaus, Drahtwürmer und Engerlinge, Erdraupen und Grillen sind es. Da die Industrie laufend neue Bekämpfungsmittel gegen diese Schädlinge herausbringt, kann man hier keine bestimmten Angaben machen.

Im Herbst ist es so, daß man ständig beobachten muß, wie lang oder hoch das Gras im Rasen gewachsen ist. Man mäht dann eben den Rasen, wenn es Zeit ist. Aber wenn langsam die Blätter von den Bäumen fallen, dann sollte man den Rasen immer und immer wieder von den Blättern – oder von den vom Wind zusammengefegten Blätterhaufen – befreien.

Pilzkrankheiten wie Hexenringe, Herbstrost und Schneeschimmel müssen unbedingt mit den im Handel erhältlichen Mitteln bekämpft werden, sonst treten sie im nächsten Jahr wieder auf.

Für den Winter ist also der Rasen bereits „kurz" geschnitten, er wird noch einmal durchgerecht, damit kein Laub mehr vorhanden ist. Dann gibt man ihm eine Schutzdecke, denn es kann ein schneearmer Winter sein, in dem Kahlfrost viel Schaden anrichtet. Diese Schutzdecke besteht im besten Falle aus Manural oder Super-Manural, der ganz fein über die aufgekratzte und saubere Rasenfläche verteilt wird. Mit Rechen oder Harke verteilt man diesen Torfhumusdünger, und damit ist der Vorteil gegeben, daß einmal die Graswurzeln geschützt sind, aber Schnee- und Regenwasser die in ihm vorhandenen Dünger gleich mit in den Boden spülen.